Internet est une table pour deux

Internet est une table pour deux

Le marketing, autrement

© Selma Païva

« Nous ne sommes pas déprimés
parce que l'économie est en dépression.
C'est l'économie qui est en dépression
parce que nous sommes déprimés »
— Marianne Williamson

Ça leur a plu !

« Brillant. Et plein de bonnes ressources ! »
— Andréa Gaillet, spécialiste marketing des moteurs de recherche et marketing des réseaux sociaux.

« Internet est une table pour deux » ? C'est le livre à mettre entre les mains de tous les entrepreneurs qui veulent **vendre mieux et plus**, *dans un* **échange gagnant-gagnant avec leurs clients**.
C'est votre cas ? Préparez-vous — et c'est tant mieux — à voir vos certitudes voler en éclats ! »
— Anne-Solange Tardy, auteure, fondatrice de Cachemire et Soie et co-fondatrice d'Un Beau Jour.

« Ce bouquin est génial : **style clair, conseils pratiques, questions spécifiques** *— ça m'a donné plein de pistes à exploiter pour développer ma com et ma stratégie générale. Chaque entrepreneur devrait lire "Internet est une table pour 2". Aujourd'hui, faire du business, c'est être humain et s'adresser à d'autres humains avant tout. Et ce bouquin, c'est* **le guide ultime pour humaniser son activité**. *»*
— Damien Fauché, entrepreneur nomade, catalyseur de liberté professionnelle.

Si trop de spécialistes s'empressent de reproduire sur les réseaux sociaux les vieilles recettes éclusées du marketing traditionnel, Selma vous propose une **approche efficace, réaliste et authentique du marketing digital et du marketing de contenu.**

Elle vous livre le secret pour communiquer en tête à tête avec chacun de vos clients. Pour bâtir une relation avec eux, les connaître et répondre de manière précise à leurs besoins.

Je recommande à tous les entrepreneurs, marketeurs et communicants. Ceux qui veulent un marketing de valeur, centré sur l'humain.

— Stéphane Torregrosa, fondateur de Squid Impact, l'agence de webmarketing, experte en stratégie de contenu.

En lisant le livre, j'ai eu un déclic, je me suis dit « Mais oui, c'est ça que je veux avec mes clients ! » C'est un livre **pour les entrepreneurs qui veulent participer au grand changement qui arrive dans la relation commerciale.**

L'approche de Selma réussit un mix entre les besoins des clients et vendre en étant réellement soi. Un livre à déclarer d'utilité publique !

— Corinne Jolly, assistante premium pour entrepreneurs

De la compréhension de son audience au processus de vente... en passant par toutes les étapes intermédiaires, « Internet est une table pour deux » présente très bien les principes indispensables à tout blogueur ou entrepreneur en ligne qui veut créer des liens sincères avec ses clients.

Une approche qui met en avant le côté humain, **aux antipodes de certains types de marketing**.

Ça donne envie de faire encore plus d'efforts sur ce point : avoir plus de résultats en étant soi-même. Un bel objectif, que ce livre nous aide à atteindre !

— Hervé, fondateur de Changeons.fr

Ce livre est **top top top** : complexe mais **clair** et **brillant, à relire plusieurs fois**. Je ressens cette envie de le décortiquer, d'y revenir. Très positif chez moi, la superficialité et les poncifs m'exaspèrent... c'est **une mine d'or** !

— Morgane Sifantus, Conseil en communication et identité de marque

Contenu

PARTIE 4 – Nouveau web, nouveau mode d'emploi

Avant-propos

« Les livres sont faits de livres. »
— Cormac mac Carthy

Ce livre est fait d'autres livres, et parce qu'Internet est là, il est aussi fait d'articles, de vidéos, de blogs, de podcasts. Le nouveau web est en marche, et telle l'Armée de Dumbledore, les Chevaliers de la Table pour Deux sont à leurs postes.

Un par un, ils ont déjà levé leurs baguettes pour éclairer l'avenir, redéfinir le commerce, construire une nouvelle économie.

Morgane Sifantus m'a un jour demandé si j'étais folle : je lui ai répondu que pendant un moment, je l'avais cru.

Travailler en ONG, en entreprise, puis dans l'enseignement, a constitué de belles expériences qui ont fait qui je suis aujourd'hui. Mais je ne m'y suis jamais sentie complètement à ma place. Je me suis sérieusement demandé si je n'avais pas un problème de fond !

Le web m'a vraiment révélée à moi-même.

Ce fut — c'est — tout sauf une démarche solitaire.

Internet a permis la convergence d'électrons libres, la rencontre d'atomes crochus — et je suis infiniment reconnaissante à chacun d'eux d'avoir brandi sa plume et sa personnalité pour éclairer la webosphère francophone.

Collègues, partenaires, amis, clients : vous retrouverez leurs idées formidables au fil de ces pages, et dans l'annexe Ressources, à la fin de ce livre.

Du fond du cœur, merci à :

Alexandra Martin, André Dubois, Andréa Gaillet, Angélique Tartière, Anne-Solange Tardy, Bérangère Touchemann, Camille Sauvaget, Caroline Giralde, Cécile Bonnet, Cécile Doherty-Bigarra, Cédric Debacq, Cédryc Journiaux, Céline Boura, Chob, Christelle Bourgeois, Christine Lewicki, Christopher Lieberrher, Corinne Jolly, Damien Fauché, David Vennink, Delphine Boileau Terrien, Emmanuel Chila, Fadhila Brahimi, Flora Douville, Florian Pouvreau, Fred Cavazza, Haydée Bouscasse, Hélène Bonhomme, Hugo Vermot, Isabelle Matthieu, Jean-François Messier, Jean-Philippe Touzeau, Joanne Tatham, Julie Pezet, Lætitia Faure, Lyvia Cairo, Manuel Diaz, Marcelle Della Faille, Marie-Haude Legros-Mériguet, Marie-Eve Plamondon, Marjorie Llombart, Martin Kurt, Mary Lumley, Morgane Sifantus, Pascale Camus, Peggy André, Pétronille Perron, Rémy Bigot, Sophie Gautier, Stan Leloup, Stéphane Briot, Stéphane Torregrosa, Sylvain Lembert, Teddy NgouMilama, Thia Economou, Valérie Payotte, Xavier Jaleran.

Mille mercis à Chob, pour ses conseils, et ses vignettes de Choblab, reproduites ici avec son autorisation.

Avec une gratitude particulière à mon équipe d'auto-édition : Anne-Solange Tardy, Rémy Bigot, Corinne Jolly, Martin Kurt, Stéphane Torregrosa, Olivier Clémence et Damien Fauché — qui m'ont encouragée à écrire ce livre, menacée de tous les maux si je n'arrivais pas au bout... et qui étaient toujours là pour le relire quand j'y suis arrivée !

Toutes les personnes et sites mentionnés sont répertoriées à la fin du roman, partie RESSOURCES.

Pour retrouver l'intégralité des liens cliquables vers les articles cités tout au long du livre : rendez-vous sur *https://selmapaiva.com/lesbonusdulivre*

Introduction

« Quand vous pensez à Internet, ne pensez pas à des camions remplis de produits, roulant à toute allure pour les livrer aux distributeurs.
Pensez à une table pour deux. »
— The Cluetrain Manifesto

En 2014, nous étions 2,4 milliards d'internautes. En 2016 : 3,7 milliards, publie le Blog du modérateur.

Je me demande toujours comment s'exclamerait Homer Simpson en lisant ça dans le journal — *Pinnnaise ! Marge, viens voir !* A ha ha — vous imaginez ?

Le développement exponentiel du web n'est pas récent, bien sûr : l'horizon des possibles est en expansion façon Big Bang depuis... 20 ans ? Il porte en lui les graines d'un monde nouveau – celles d'un miroir aux alouettes, aussi.

Dans le Cluetrain Manifesto, une équipe de visionnaires — le livre a été publié à la fin des années 90 — mettait en garde les entrepreneurs contre les dérives possibles du web dans le commerce.

Car si Internet a aboli les frontières, créé un panorama commercial inédit, des possibilités qu'on n'aurait pu imaginer à l'époque... le risque était déjà là en 1999.

Le risque ?

Avec les compteurs qui montent (ventes, visites, « analytics » divers, nombre d'abonnés, nombre de fans, livraison aux 4 coins du monde), nous oublions que le commerce est tellement plus qu'une transaction financière.

« Quand vous pensez à la vente, ou à vendre, quel est le premier mot qui vous vient à l'esprit ? »

La réponse à cette question, dans l'étude « What do you really do at work », réalisée par Dan Pink avec Qualtrics est sans appel : sur 25 adjectifs, seuls 5 (cinq !) sont positifs — tout le reste ayant une connotation négative liée à l'inconfort de la vente (difficile, pénible...) mais surtout au dégoût de l'idée elle-même (malhonnête, manipulateur, faux, berk...).

Oublier que les individus devant leurs écrans ne sont pas que des portefeuilles a provoqué un sentiment de rejet généralisé, pour les vendeurs comme pour les clients.

Kalkis décrit d'ailleurs un marché de la publicité au bord de l'implosion façon « bulle Internet ». L'espace disponible est saturé — pire : avec l'expansion des bloqueurs de pubs, il se réduit.

Le commerce est tellement plus qu'une transaction financière !

Il existe depuis que l'homme est sur terre, les réseaux sociaux aussi. Mais avec le développement de la vie par écrans interposés, nous perdons de vue l'essentiel : de chaque côté de ces écrans, nous sommes tous des individus en chair et en os.

Évident ? Oui. Pourtant, nous l'oublions tous régulièrement, et certaines situations — comme la communication, la vente — nous masquent cette réalité à nous, entrepreneurs et vendeurs, encore plus qu'aux autres.

Vendre ne peut plus rimer avec s'imposer, interrompre, importuner. Nous le savons, d'ailleurs. Parce que nous sommes tous les clients de quelqu'un d'autre, et parce que nous avons soif d'un monde nouveau.

Nous voulons faire ce qui vaut la peine d'être fait

Nous sommes tous les clients de quelqu'un d'autre : conséquence ? Vous aussi, vous avez envie de savoir que vous n'êtes pas en train de dilapider votre vie, votre énergie, votre temps, votre argent.

L'ère du gaspillage tous azimuts a touché à sa fin : vous, comme moi, nous voulons aller vers ce qui vaut la peine d'être fait.

Nous voulons acheter ce qui vaut la peine d'être acheté. Investir dans ce qui vaut la peine d'être développé. Vivre ce qui vaut la peine d'être vécu. Nous voulons être les artisans d'un monde nouveau en tant que consommateurs, et en tant qu'entrepreneurs. C'est dans le 2e cas que c'est plus difficile !

Difficile, pour un internaute littéralement saoulé par la publicité, déçu par le comportement des marques, croulant sous les offres promotionnelles... difficile de savoir comment vendre ses produits et services à lui.

Car pour avoir un impact, il faut vendre bien. Nombreux sont ceux à qui ça ne pose pas de problème mais qui, faute de savoir comment s'y prendre, n'obtiennent pas les résultats qu'ils cherchent. Précision : faire un bon CA, avoir des clients ravis, ce n'est pas un bon résultat si on ne se sent pas épanoui dans sa démarche !

Parfois (c'est peut-être votre cas ?), on est mal à l'aise avec la vente parce qu'on a vécu tellement de mauvaises expériences en tant qu'internaute qu'on ne veut pas infliger ça à notre tour — et les termes de valeurs, passion et marketing authentique fleurissent au point de devenir des lieux communs.

La stratégie traditionnelle est morte

La stratégie traditionnelle est morte, et si sa fin a été accélérée par le développement du web, être acteur de la nouvelle ère n'est pas évident non plus.

On se retrouve coincé entre les nouvelles attentes d'une part, et une façon de faire à l'ancienne de l'autre : une méthodologie dépassée qu'on n'arrive pas à enterrer parce qu'on ne sait pas décoder la nouvelle donne. Comment faire autrement que ce qui se fait depuis des décennies ?

Le vrai problème du faux marketing (!)

« Ce qui me fait grincer des dents,
c'est que chaque centime investi dans une énième
solution technique est un centime qui ne sera pas
dépensé dans de la création de contenus.
Formulé autrement : rien ne sert de crier plus fort
que les autres si vous n'avez rien à dire, rien ne sert
non plus de passer des heures à identifier la bonne
personne si vous n'avez rien d'intéressant à lui
chuchoter à l'oreille. »
— Fred Cavazza

Le principal problème de l'approche traditionnelle du web et de la vente en ligne, c'est qu'elle fait la part belle aux outils et autres possibilités technologiques.

Les outils et techniques de vente, de publicité, masquent l'essentiel : on ne se pose pas les bonnes questions, parce qu'on ne prend pas la lorgnette par le bon bout, celui des gens, pas celui des outils !

Voir Internet comme une table pour deux est le défi du nouveau web.

Êtes-vous prêts pour la suite ?

Ce livre montre comment une approche différente du web transforme une démarche commerciale. Comment, ensemble, nous pouvons utiliser les nouvelles possibilités, les nouvelles évolutions du web pour refaire du commerce une belle aventure, réduite par l'ère industrielle à une pauvre transaction financière.

D'expérience, les questions soulevées ici amènent les entrepreneurs à remettre en question leur approche, à redéfinir leurs objectifs, leur mission, leurs produits et services, leurs clients... pour de meilleurs résultats : plus de ventes, plus de clients, une direction clarifiée, des choix simplifiés, la satisfaction d'avancer dans la bonne direction.

Nous allons enterrer les clichés, pour comprendre ce que « remettre l'humain au cœur du marketing » veut vraiment dire : ce que ça implique ET comment faire pour y arriver.

Êtes-vous prêts pour la suite ?

Nous allons voir :

- Les conséquences de la transformation numérique — indice, ce n'est pas la révolution des objets connectés, mais la révolution des clients !

- Ce qui devient possible pour les entrepreneurs, les indépendants, les électrons libres — ceux qui sont prêts, comme vous, à retrousser leurs manches pour prendre part à la construction d'un monde nouveau (que des bonnes nouvelles là-dedans !)

- Comment repérer dans votre approche les concepts hérités de l'ère industrielle : obsolètes mais transposés au web, ils continuent à faire des dégâts. Il est capital de les mettre à plat aujourd'hui pour être vigilant à l'avenir (et efficace !) avec votre démarche commerciale.

- Enfin, nous allons voir comment vous y prendre concrètement pour faire partie du futur.

Bienvenue dans la nouvelle économie !

PARTIE UN

La nouvelle économie, celle du ET

1.

L'échange de valeurs est cassé

« Aujourd'hui, l'échange de valeurs est cassé. »
— Edelman, étude Brandshare 2014

En 2014, Edelman publiait ce constat sans appel :
« Aujourd'hui, l'échange de valeurs est cassé », et
c'était le vrai problème du web 2.0.

Dans son étude Brandshare, la firme décortique
l'état de la relation entre les besoins des clients, et les
comportements des marques.

15 000 consommateurs, répartis sur 3 générations,
dans 12 pays (dont la France), à propos d'entreprises
locales (15 par pays) et multinationales (48 en tout),
dans 11 secteurs.

Résultat ? Près de 90 % d'entre eux souhaitent
développer une relation avec les marques, mais
seulement 17 % estiment qu'elles sont aux rendez-
vous.

Conclusion ? Nous en avons tous assez d'être
considérés comme des portefeuilles ambulants.
Acheter pour acheter : c'est un haut-le-cœur
généralisé.

Nous sommes arrivés au bout de ce que nous pouvions consommer sans y perdre notre âme — ce n'est pas que nous n'avons plus envie d'acheter, c'est que nous voulons le faire bien.

Et ce n'est ni une passade, ni une brise en surface : c'est une vraie lame de fond qui a commencé à monter, celle de l'économie du ET.

La nouvelle économie, celle du ET

« Lundi, je n'ai rien consommé,
ça m'a fait un bien fou. »
— Joanne Tatham

Ce n'est pas que Joanne est restée sans manger, c'est qu'elle a fait 48 h de pause, sans consommation virtuelle (Morgane Sifantus a mené une expérience similaire de 21 jours sans réseaux sociaux).

La nouvelle économie ? C'est une nouvelle consommation, du gratuit comme du payant. Ce que nous voulons, c'est vivre une vie qui vaut la peine d'être vécue. Après une frénésie de consommation et de stress : nous voulons avoir, faire ET être.

La nouvelle économie, c'est celle du ET : être ET avoir. S'épanouir ET gagner de l'argent.

Nous voulons du sens : le terme est galvaudé, il est affiché partout à côté des mots authenticité et passion... mais qu'est-ce que ça signifie ? Clairement : nous voulons de nos actions qu'elles nous connectent à quelque chose de plus grand que nous.

Nous voulons changer le monde — ne riez pas. C'est ce que vous voulez, au fond, et c'est ce que vos clients veulent aussi. Forcément, ça impacte le rapport aux objets, à la consommation, à la réussite.

Lyvia Cairo a fondé *Je me casse,* devenu *Lyvia débloque.* Elle y décrit son succès, le développement de sa communauté... et le stade où elle ressent de l'inconfort, un décalage. En fidèle adepte de la nouvelle économie, elle va vers ce qui vaut la peine d'être fait : une pause. Pour s'écouter elle, mettre à plat ses idées. Écouter ses clients, mettre à plat leurs problématiques et aspirations. Se faire accompagner pour faire le lien entre les 2. **Car l'ère sociale est l'ère de la connexion, les clients au cœur.**

La nouvelle économie, celle des clients

« Le e-commerce doit se réinventer, passer d'une orientation produit à une orientation client. »
— Peggy André, Fractale Magazine

Adopter la nouvelle économie, c'est passer d'une économie produit à une économie clients : acheter/ vendre ET changer le monde.

Hyper informés, hyper outillés, flexibles, les clients sont plus exigeants aujourd'hui – pas plus difficiles, pas plus pénibles, mais l'être prend le pas sur le reste.

Ils ont de nouveaux besoins — NOUS avons de nouveaux besoins. Nous, entrepreneurs, start-uppers, nous voulons aller vers ce qui vaut la peine d'être fait. Passer de l'idée à la pratique n'est pas aisé, mais à portée de main.

Stéphane Briot résume brillamment les principes de la nouvelle économie — qu'il appelle selon Seth Godin la thank you economy — de la manière suivante : remercier > impliquer > valoriser > écouter > rencontrer — avant de conclure :

« Le plus précieux de vos trésors, ce sont vos clients. Si vous ne comprenez pas cela, vous n'avez rien compris au commerce. »

Amen.

Cela dit, je vous l'accorde, ce n'est pas limpide d'emblée ! Une économie, une démarche commerciale orientée clients implique une compréhension poussée des besoins... des clients. Mais ils ont changé, leurs besoins aussi !

Les nouveaux besoins : ni rationnels, ni émotionnels (et non !)

Dans une certaine mesure, tout ce que nous vendons répond à un besoin. Nous savons qu'il y a des besoins rationnels, et des besoins émotionnels.

Mais c'est une troisième catégorie de besoins qui a été engendrée par les dérives du commerce : les besoins *sociétaux*.

Quand Edelman écrit « *l'échange de valeurs est cassé* », elle décrit le large fossé qui s'est creusé, une promotion après l'autre, un cookie après l'autre, entre les attentes des clients et les comportements des marques.

Ce n'est pas que les produits ou services les déçoivent, c'est la position dans laquelle les clients sont placés et la finalité des entreprises qui les barbent.

Car voyez-vous : les entreprises (marques, entrepreneurs, vendeurs, indépendants : tous dans le même cas !) se sont longtemps contentées d'utiliser le feedback des clients pour adapter le discours, le message autour du produit, cibler mieux, vendre plus.

Zéro retour d'ascenseur.

Les clients veulent — *nous voulons* — des opportunités de participation, une mission, un message clair.

Ce n'est pas que nous ne voulons pas payer, c'est que nous voulons participer.

Ce besoin sociétal va plus loin que les dons à des associations et le choix de matériaux éco-responsables : nous voulons que les marques prennent des engagements par conviction, pas pour redorer leur blason.

Et ces engagements n'ont pas nécessairement à rimer avec humanitaire. Pensez à la vision du design d'Apple !

Les clients d'aujourd'hui veulent savoir quel futur ils sont en train de financer

Les clients d'aujourd'hui veulent savoir à quoi ils contribuent, et quel futur ils sont en train de financer. C'est pour ça qu'ils déplorent le manque de réactivité des entreprises.

Pour près de 7 sondés sur 10, l'échange ressemble encore trop à une transaction unidirectionnelle qu'à une dynamique de réciprocité : le client paye, répond à des questions, laisse son adresse mail, son numéro de portable, il donne son avis, fait remonter ses idées...

Maintenant, il veut voir le résultat, pas seulement recevoir des offres promotionnelles ! Il veut savoir ce que nous faisons de tout ça, pourquoi, et surtout : comment nous changeons nos produits, nos services, et le monde avec.

La grande déception

« Dans les rues, sur Internet, on est bombardé,
agressé de publicités toute la journée.
Aujourd'hui, les gens veulent voir du contenu qui
leur apporte de la valeur. »
— Rémy Bigot

L'état des lieux sur la relation entre les entreprises et leurs clients aurait franchement pu s'intituler la Grande Déception.

2 personnes sur 3 considèrent que pour l'instant, ça ne va que dans un sens (On est d'accord, c'est effectivement le problème du web 2.0 : *Écoutez-moi ! Achetez chez moi ! Regardez-moi !*)

87 % des personnes interrogées sont en attente de relations qui ont du sens avec les marques. Là où ça pêche ? Accessibilité, implication, conviction sont les 3 points-clefs identifiés.

Sans surprise, les résultats d'Edelman concordent avec ceux de l'institut Toluna, commentés par Stéphane Torregrosa : il décrit très bien ce sentiment de désamour ressenti par le client français qui, d'abord courtisé avec acharnement, se sent totalement oublié, une fois le passage en caisse consommé.

Le pire, c'est qu'il ressort aussi de cette étude que les clients sont enclins à développer une relation fidèle aux marques !

La grande déception, je vous dis.

Et l'échange de valeurs ?

L'échange de valeurs est cassé. D'accord... comment fait-on pour le réparer ? Et d'abord, qu'est-ce que c'est, un échange de valeurs ?

Un échange de valeurs réussi signifie que ce qu'on offre à son client lui amène un bénéfice, de la valeur, en échange de celle qu'on reçoit de sa part.

Mais attention : la valeur que le client reçoit n'est pas déterminée par le produit ou service en soi, mais par ce que ce produit ou service permet au client de faire, et de devenir, grâce à ses achats.

Avec le web, l'échange de valeurs peut être nourri grâce à une ribambelle d'outils. La clef ? Le contenu. Nous y reviendrons !

Car le web n'est pas que l'opportunité de faire son auto-promotion : c'est stressant pour les vendeurs, et *tellement lassant* pour les clients !

Une relation commerciale qui crée un échange de valeurs réciproque ne tient pas en équilibre sur la transaction financière : **il y a 2 autres piliers-clefs.**

Transaction financière n'est PAS synonyme de commerce

Le commerce existe depuis que l'homme est sur Terre, et si les modalités ont changé, l'essence non.

Or depuis l'avènement de l'ère industrielle, c'est comme si l'Occident souffrait d'amnésie collective.

Nous avons tellement pris l'habitude d'acheter notre viande sous cellophane et de recevoir nos commandes dans nos boîtes aux lettres que nous ne voyons plus que la transaction financière : nous avons perdu de vue ce qui faisait l'essence du commerce.

J'ai l'avantage d'avoir grandi en Orient. Quand j'étais enfant, il n'y avait pas de supermarché. Nous faisions les courses alimentaires au souk, c'est-à-dire au marché. Pour le reste, dans la médina de Fez, les commerçants étaient regroupés par métier.

Aucun prix n'était affiché, et quand ça l'était, c'était mauvais signe : seuls les touristes n'aimaient pas s'asseoir pour discuter avant d'acheter. Et là où on ne prend pas le temps de discuter, c'est plus cher !

La conversation est donc une clef du commerce, mais ce n'est pas tout.

Imaginez un vol long courrier : Doc Searls, co-auteur du Cluetrain Manifesto, est assis à côté d'un pasteur nigérian, Sayo Ajiboye. Il lui parle du livre, de son nouveau concept pour l'e-commerce : « *Les marchés sont des conversations* ».

Le Nigérian a alors une réponse qui fait écho à toutes les remarques que Doc Searls a déjà entendues de la part d'interlocuteurs issus du « Tiers Monde » :

la 1ère chose qu'un Occidental demande en rentrant dans une boutique, c'est « combien ça coûte ». Alors comprendre que la conversation est clef, c'est déjà pas mal... mais ce n'est pas encore assez.

Quand on laisse le temps à la conversation dc se développer, l'acheteur est prêt à payer plus, le vendeur est prêt à facturer moins. Pourquoi ? Parce que leurs échanges ont créé une relation humaine.

« *Les marchés sont des relations* » note Doc Searls, pour l'intégrer à la nouvelle édition de Cluetrain.

Aujourd'hui, nous avons beau pianoter sur des écrans tactiles, nous restons des humains. Et une relation commerciale amputée des 2 piliers qui comptent le plus dans l'humanité ne nous convient plus.

L'échange de valeurs est cassé. Sur le web, cette fracture prend des dimensions exponentielles. Car Internet a ressuscité le commerce traditionnel : ne vous laissez pas leurrer par la technologie, la Webosphère est un bazar à l'ancienne.

> « *Nous sommes arrivés à la limite*
> *des techniques publicitaires traditionnelles.*
> *Les conversations ont déserté les médias sociaux et*
> *les internautes ne supportent plus de se faire pister*
> *d'un site à l'autre dès qu'ils se renseignent pour un*
> *billet d'avion ou une paire de chaussures.*
> *À partir de ce constat, il faut changer d'approche.* »
> — *Fred Cavazza*

Le web porte en lui la solution à l'impasse

Heureusement, le web porte aussi en lui la solution à l'impasse : les mêmes outils, utilisés avec une autre approche, redonnent au commerce ses lettres de noblesse.

Les différentes possibilités de contacts, de contenus nous permettent de développer des conversations, des relations d'individu à individu. La vraie beauté du web, c'est qu'elle a retransformé le commerce en marché.

Et si vous vous dites « *Nan mais Selma : je ne peux pas communiquer avec chacun de mes lecteurs/ clients/prospects séparément !* » Non mais si en fait. Internet est une table pour deux, car que vous vous adressiez à 50 ou 5000 personnes, chacune est seule devant son écran.

Bien sûr, tout le monde sait ça. Mais généralement, on n'en tient pas compte quand on crée ses contenus, qu'ils soient payants ou gratuits : on est encore trop influencé par les habitudes héritées de l'ère industrielle, par la frénésie de la consommation et la communication de masse qu'elle a engendrées.

La beauté du web se révèle avec une nouvelle approche des mêmes outils — ça commence par penser client, pas produit.

Pensez client, pas produit

Quand on est tellement habitué à penser produit en premier, on ne sait même plus à quoi ça pourrait ressembler de penser client d'abord !

La bonne nouvelle, c'est que ça s'apprend. Si je ne crois pas aux formules, je crois au pouvoir de l'intention combinée à la méthodologie, à l'action, à la persévérance.

J'y crois, parce que je suis une idéaliste – et une pragmatique, aussi : c'est en coulisses que j'accompagne mes clients sur leur stratégie de contenu. Je ne fais pas à leur place : je leur mets des outils dans les mains pour que leur progression soit empirique, pas théorique. Je les aide bien sûr, j'éclaire le chemin, jusque dans le détail. Ils multiplient leurs ventes par 1.5, 2 ou 3 (plus parfois – les résultats dépendent bien sûr du point de départ, et du travail fourni par chacun).

Mais le plus beau, c'est qu'ils se transforment : ils connectent enfin leur désir de *« remettre l'humain au cœur du commerce »* avec la réalité, et quel enthousiasme, quelle énergie se dégagent quand les pièces du puzzle s'encastrent, quelle inspiration, quel discernement, quel soulagement imprègnent une démarche désormais orientée client, et non plus produit !

Ce n'est pas facile de remettre l'humain au cœur du commerce pour une raison principale : on ne peut pas être dans l'incertitude en permanence... à moins d'être moine bouddhiste peut-être ?

Je me souviens d'un dessin humoristique représentant un moine tibétain qui répondait à son jeune collègue : *« Tout ce que je sais, c'est que je ne sais rien »*.

Effectivement, plus on prend en âge, moins on a de certitudes, vous avez remarqué ? (et quand c'est le contraire qui se passe, on devient ce qui est communément appelé... un vieux *on :-).

Bref : en tant qu'être humain, c'est très difficile de voir les choses d'une autre manière, et de vraiment comprendre ce qui se passe — ce qui représente quoi — pour quelqu'un de différent.

J'ai la chance d'avoir un avantage en la matière : je suis issue d'un couple mixte. Donc déjà, à la base, j'avais à la maison 2 langues, 2 cultures, 2 religions. Les deux étaient pratiquées à domicile. Les autres très bien accueillies aussi. C'est comme ça que j'ai aussi bien fêté l'Aïd que Noël, résidé dans un presbytère, célébré Shabbat, participé à des offices catholiques, réformées et mormones. Mes questions plongeaient dans l'embarras la prof de religion, que voulez-vous.

À 18 ans, je me suis orientée vers la communication interculturelle. Alors quand aujourd'hui mes clients me disent *« Tu es une magicienne »*, je suis ravie, certes, mais ce n'est pas vrai : c'est mon parcours, depuis le plus jeune âge, qui m'a placée aux carrefours de plusieurs langages, cultures, codes.

Ce qu'on appelle l'intuition est plus souvent une compétence développée en sourdine, sur le terrain, dans la vie de tous les jours.

Et si on a vu qu'une démarche commerciale saine passe par une excellente compréhension des besoins des clients, cela implique aussi de comprendre leur langage. Très utile, donc, pour lire dans leurs pensées, mais aussi pour faire passer votre message !

La langue et le langage, ce n'est pas la même chose

La langue et le langage, ce n'est pas la même chose : vous parlez la même langue que vos clients, mais le même langage, certainement pas.

Ça n'est pas limité à la sphère professionnelle, voilà pourquoi ce n'est jamais si limpide de communiquer non plus avec sa belle-famille, son conjoint, ses enfants. La personne que nous sommes filtre ce qu'elle voit, entend, comprend de l'autre : et comme c'est la même chose en face, ça crée des *incompréhensions*.

Dans le commerce, les incompréhensions donnent de mauvais résultats : beaucoup d'efforts pour pas grand-chose, ou alors des résultats « objectivement bons » (un bon C.A par exemple), mais subjectivement non. Les clients mettent du temps à se décider... c'est long ! Ou alors ils se décident, ils aiment bien, ça marche bien, mais... on ne se sent pas satisfait.

Lire dans les pensées de ses clients est une gymnastique mentale qui demande de la pratique. Penser aux besoins rationnels, on y arrive à peu près. Les besoins émotionnels, ça commence à devenir plus compliqué.

Quant aux besoins sociétaux alors là... on aimerait bien une boule de cristal ! Car tout est là : développer une relation commerciale saine, avec un échange de valeurs réciproques implique de lire dans les pensées de ses clients pour y décrypter ce dont ils ont vraiment besoin à l'avenir. Vendre, c'est voir le futur.

Vendre, c'est voir le futur

La France est vue comme un pays où on râle beaucoup, mais elle est en train de changer !

Le succès des livres de Christine Lewicki (J'arrête de râler, Wake Up, à lire !) montre bien que nous sommes fatigués d'observer les vestiges de l'ancien monde, et que nous avons envie de construire le nouveau.

Les clients veulent une nouvelle version d'eux-mêmes. Nous tendons tous vers le progrès personnel et professionnel, nous voulons tous surmonter des problèmes, concrétiser des aspirations.

Nous avons besoin d'aide pour ça, et à un niveau bien plus profond que celui dont on parle partout.

On lit souvent *« Pour créer un produit, un service, avoir des clients, demandez-leur ce qui leur pose problème, et apportez-leur une solution. »*

Ce n'est pas erroné, c'est incomplet. La plupart du temps, on a une idée de ce qui nous pose problème, mais différente de ce qui nous pose *réellement* problème. On peut avoir une idée claire de ce qui nous fait envie, mais généralement, on ne sait pas.

Souvent on *croit savoir,* mais comme le vrai problème est ailleurs, la vraie solution est ailleurs aussi : c'est pour ça qu'il y a tellement de frustrations et de déceptions.

C'est pour ça que nous avons besoin — que le commerce a besoin — de visionnaires. Le mot est grand : on entend visionnaire, on pense Steve Jobs tout de suite derrière. Et juste après : *« Moi ? Visionnaire ? »,* suivi d'un grand blanc. Rassurez-vous : il ne s'agit pas de devenir le prochain Google, Apple, ou le prochain Facebook (quoi que si c'est votre intention, allez-y !)

Pourtant, la vision est bien la compétence que vous devez développer, et nous allons voir ensemble comment. Car vendre, ce n'est pas SE vendre, ce n'est pas non plus vendre ses produits et services, ni écouler son stock ou remplir son planning à coup d'offres promotionnelles. Dans l'économie du ET, vendre c'est créer de nouveaux clients, pas de nouvelles offres.

Nous allons voir comment vous pouvez faire partie du futur grâce à une nouvelle approche du commerce et du web : que vous soyez coach ou réflexologue, consultant en SEO ou en parentalité positive, spécialiste du yoga ou des réseaux sociaux... Quoi que vous fassiez, que vous travailliez seul, en binôme ou en équipe !

Points-clefs
Chapitre 1 – La Nouvelle Économie, celle du ET

- **Aujourd'hui, l'échange de valeurs est cassé.** Acheter pour acheter : c'est le haut-le-cœur généralisé. Nous en avons assez d'être considérés comme des portefeuilles ambulants.
- **Les clients** ont changé, leurs besoins aussi : ils veulent savoir quel futur ils sont en train de financer, à quel monde nouveau ils contribuent, pas seulement recevoir des offres promotionnelles.
- **C'est une nouvelle consommation qui se développe :** nous voulons avoir, faire ET être. Il ne s'agit ni d'une passade, ni d'une brise en surface : c'est une vraie lame de fond qui a commencé à monter, celle de l'économie du ET.
- **Aujourd'hui, une démarche commerciale saine passe par une excellente compréhension des clients.** Un échange de valeurs réciproques implique en effet de lire dans les pensées de ses clients pour y décrypter qui ils veulent devenir, et ce dont ils ont vraiment besoin à l'avenir.
- **Internet a ressuscité le commerce traditionnel :** la webosphère est un bazar à

l'ancienne. Le commerce ne s'y résume pas à une transaction financière : le web a redonné leurs lettres de noblesses à 2 autres piliers-clefs, la conversation et la relation.

- **Vendre, ce n'est pas se vendre, ce n'est pas non plus vendre ses produits et services.** C'est voir le futur : nous tendons tous vers le progrès personnel et professionnel, nous voulons tous surmonter des problèmes, concrétiser des aspirations. Ce qu'on vend vraiment au client, c'est la concrétisation d'une meilleure version de lui-même.

Pour recevoir gratuitement les mises à jour et bonus actuels et à venir du livre, rendez-vous sur http://selmapaiva.com/lesbonusdulivre !

2.

Passer d'une économie produit
à une économie client

« La plupart des start-up échouent parce qu'elles n'ont pas développé leur marché, pas parce qu'elles n'ont pas développé leur produit. »
— *Steve Blank*

Vous pouvez remplacer start-up par entreprise ou entrepreneur : ça marche aussi car l'économie client, marque la fin du B2B et du B2C *(si !)*.

Internet est une table pour deux. L'avenir est dans la relation commerciale de Personne à Personne, dans le P2P.

Quand j'ai évoqué cette idée pour la première fois, on m'a répondu que le B2B avait quand même encore de beaux jours devant lui. Bien sûr, la disparition des relations commerciales d'une entreprise à l'autre n'est pas mon propos.

Mais aujourd'hui se vérifient les prédictions du Cluetrain Manifesto :

« Quand nous ne sommes pas occupés à être une cible commerciale, nous sommes juste des gens ».

Stratégie digitale et réalité — Choblab.com

Que le client soit un particulier, une entreprise ou un entrepreneur — et sous toutes étiquettes démographiques et statistiques qu'on pourrait lui coller — c'est avant tout une personne.

Un marché — que la cible soit dans le B2B ou dans le B2C — est d'abord constitué de gens. Des personnes en chair et en os.

Elles sont rarement prêtes à acheter ce que vous faites (même quand c'est exactement ce qui leur faut). C'est votre stratégie qui va vous permettre de transformer des visiteurs en clients potentiels : en passant d'une économie produits à une économie clients, c'est vous qui allez créer vos clients, et développer votre marché.

Développer son marché... c'est-à-dire ?

Développer son marché : c'est-à-dire ? Voilà : si on enlève toutes les étiquettes, tous les filtres, le client est une Personne. Un marché, quelle que soit sa taille, est constitué de Personnes.

Développer son marché, ça veut donc dire développer des GENS. Autrement dit : utiliser le Web, via sa stratégie de contenu, pour faire progresser les gens qui constituent votre marché et les transformer en clients potentiels.

Car si vos lecteurs préférés forment une communauté et une audience formidables, ils ne sont pas pour autant des clients potentiels. Pas encore.

Vous avez besoin de développer votre marché parce que :

- l'audience peut être là ;
- l'idée de produit ou service que vous avez peut être la bonne ;
- mais les personnes qui constituent cette audience (votre marché) ne sont pas encore prêtes : acheter votre produit ou service va impliquer un changement de leur côté, même minime.

Et tant que votre lecteur n'est pas prêt, il soulèvera une des objections suivantes : pas confiance, pas envie, pas le temps, pas besoin, pas d'argent (Alexander Green).

Donc développer son marché, ce n'est pas la même chose que développer sa visibilité, c'est différent de se démarquer, et ça n'a rien à voir avec baisser ses prix !

Comment faire ?

Commençons par un exemple, pour illustrer le problème.

Retour en 1936 : « l'innovation la plus récente du shopping »

En 1936, Sylvan Goldman remarque que les clients de ses magasins ne peuvent tout simplement pas faire plus de courses qu'ils ne peuvent en porter dans leur panier : une fois que c'est trop plein, ou trop lourd, ils arrêtent d'acheter.

L'aide des employés n'arrange pas les choses : Goldman finit par avoir une illumination en observant une chaise pliante dans son bureau — un panier, des roues... voilà comment faciliter les courses de ses clients !

Le temps de concevoir l'engin et de le tester, une grosse campagne de publicité suit *« Avec l'innovation la plus récente du shopping, fini la galère des paniers ! »*

Innovation géniale ? Oui ! Mais personne n'accepte d'utiliser son invention !

Quand on leur propose un chariot dans le magasin, les femmes déclinent *(« On a poussé assez de poussettes comme ça »*), les hommes se piquent (*« Vous pensez que je ne suis pas assez fort pour porter un panier ? »*), les plus jeunes refusent (*« Ce n'est pas à la mode »*).

Les rares utilisateurs ? Quelques personnes âgées.

Les clients n'avaient pas envie de devenir ce que le chariot leur demandait de devenir à leurs yeux.

Relisez cette phrase, car quoi que vous vendiez : l'adopter amène votre client à changer, à devenir quelqu'un d'autre. Le changement nécessaire peut être plus ou moins important, mais ça ne sert à rien de proposer « Achetez ! » si vous interlocuteur ne peut pas *d'abord* s'imaginer en train d'utiliser ce que vous proposez.

Alors qu'a fait Monsieur Goldman ? Il a recruté, pour chaque magasin, une dame en fin de vingtaine, une autre de la quarantaine, une de la cinquantaine, deux hommes de la trentaine et de la cinquantaine. Leur job ? Faire du shopping dans le magasin, près de l'entrée.

Ce commerçant avisé demande aussi à la dame qui distribue les chariots de dire *« Regardez, tout le monde s'en sert, pourquoi pas vous ? »*

D'expérience, vous connaissez la fin de l'histoire : ça a marché !

Sylvan Goldman avait des clients, il a eu une idée pour les aider dans leurs courses ET développer le

C.A de ses magasins... mais le principal blocage (comme toujours !), c'était les personnes concernées.

Continuer à faire de la pub pour ses chariots, sans modifier les a priori de ses clients était voué à l'échec.

Finalement, Goldman a réussi à faire de chaque personne entrant dans le magasin un utilisateur potentiel du chariot avec une astuce simple : leur montrer que l'idée avait déjà été adoptée par d'autres personnes qui leur ressemblaient.

Généralement, c'est plus complexe que ça.

Prenons l'exemple d'un naturopathe qui a mis au point une diète partant du principe que les réactions allergiques sont généralement la conséquence d'aliments que le corps a du mal à digérer.

L'organisme étant affaibli par cette digestion difficile : l'immunité du patient baisse, et s'il est sensible des muqueuses, il commence à éternuer.

Notre naturopathe a donc élaboré une diète sans produits laitiers entre autres, pour que ses patients évitent les crises d'allergie sans être contraints de prendre des médicaments antihistaminiques.

Le problème, c'est que la plupart d'entre eux pensent que :

1. Ces crises sont inévitables (c'est de famille)
2. Ça a tout à voir avec l'environnement (les pollens, la pollution : aucun lien avec l'alimentation)

3. Le calcium est bon pour la santé (et on le trouve dans les produits laitiers uniquement).

Les bonnes personnes peuvent arriver sur son blog, voir son livre, les séances proposées et repartir définitivement parce qu'il y a un trop grand décalage entre ce qui se passe dans leur tête au moment où ils arrivent sur le site et ce qui devrait s'y passer pour être effectivement prêts à acheter le livre, à réserver la séance qui va mettre un terme à leur rhume des foins.

Bien sûr, il y a toujours une petite partie de l'audience qui est prête dès le début (parce qu'elle a déjà suffisamment progressé), et une petite partie qui ne le sera jamais (elle n'adhérera jamais à ce type d'alternative).

Entre les 2, il y a 4 autres types d'internautes qui ne sont pas encore des clients potentiels pour notre naturopathe, mais qui peuvent le devenir si son contenu les amène à progresser dans le bon sens. Nous y reviendrons dans le détail !

Le rôle du contenu dans une démarche orientée client : ce n'est pas ce qu'on vous a fait croire !

Être visible en ligne, c'est être visible grâce à son contenu : articles, podcasts, vidéos, événements, livres...

Le truc c'est que chacun, vous comme moi, voit le monde de son bout de la lorgnette à lui : nous voyons, nous interprétons, nous choisissons en fonction des éléments que nous avons dans la tête.

Relisez cette phrase s'il vous plaît — nous interprétons tout ce qui vient à notre connaissance en fonction de la conversation, de la petite voix qui parle en permanence entre nos 2 oreilles.

Cette conversation est alimentée par ce que nous avons vécu et ce que nous vivons :

- ce que nous voyons ;
- lisons ;
- entendons ;
- ressentons.

Ces quatre éléments-là causent :

- ce que nous faisons ;
- ce que nous disons ;
- ce que nous pensons.

De tous ces points découle ce qui nous fait envie.

Développer un marché, développer sa clientèle, ce n'est donc pas publier à propos de son travail et de son offre.

C'est utiliser son contenu pour transformer les individus qui constituent son marché en agissant sur la conversation qui a déjà lieu dans leur tête pour les préparer, les transformer en clients potentiels.

Tant que votre audience n'est pas sur la même longueur d'onde que vous : vous ne pouvez pas lui vendre les produits et services dont elle a besoin pour résoudre ce qui lui pose problème ni concrétiser ce qui lui fait envie.

« Selma ! Tu es en train de me dire que je ne peux pas vendre avec mon contenu ? Je ne peux pas parler de mon travail, de ce que j'ai à vendre ? » Bien sûr que si. Mais en petite partie seulement, disons... 20 % de vente directe.

La nouvelle économie est celle des clients, pas celle des produits : c'est autour d'eux que votre conversation va tourner 80 % du temps pour que la petite partie restante ait un vrai impact sur vos ventes.

Vous parlez moins de votre travail, mais vous vous y prenez mieux : vos efforts se traduisent en résultats sonnants et trébuchants !

Internet est une table pour deux (again !)

Visualiser qu'Internet est une table pour deux, c'est voir le nouveau potentiel du web pour votre activité.

Internet n'est plus un outil pour parler plus fort que les autres :

- Servez-vous-en pour agir sur la conversation qui a déjà lieu ;
- Amenez les *individus* qui constituent vos audiences à voir les choses différemment, à progresser, à devenir de meilleurs parents, conjoints, collaborateurs, ou

vendeurs (selon votre expertise) avant même d'acheter quoi que ce soit !

C'est de cette manière que vous allez préparer une partie d'entre eux à devenir vos clients, vos collègues, vos partenaires et même : vos amis.

Une stratégie de contenu efficace va donc faire le lien entre ce qui se passe aujourd'hui pour votre lecteur et votre vision d'entrepreneur : un lecteur qui n'adhère pas à votre vision ne deviendra pas un bon client, sauf pour les mauvaises raisons (une réduction par exemple).

Isolé, ce type d'incitation ne fonctionne que sur le court terme et ne permet pas à votre client d'obtenir les résultats dont il est capable : comme il n'y a pas eu de transformation préalable, il n'est pas en capacité de vraiment apprécier son achat. Votre C.A peut se développer, mais sans un vrai impact sur votre client : quel intérêt de gagner de l'argent ?

Le point de départ d'un message commercial efficace, d'une stratégie commerciale efficace, est donc le client. De son point de vue à lui : votre produit, votre service, pourquoi est-ce qu'il existe ?

Indépendamment des raisons qui vous appartiennent, **dans quelle optique-client l'avez-vous créé ?**

Points-clefs
Chapitre 2 — Passer d'une économie produits à une économie clients

- **Un marché — que la cible soit dans le B2B ou dans le B2C — est d'abord constitué de gens.** Des personnes en chair et en os. En passant d'une économie produits à une économie clients, c'est vous qui créez vos clients, et développez votre marché.

- **Vous avez besoin de développer votre marché** parce que l'audience peut être là, l'idée de produit ou service que vous avez peut être la bonne, mais les personnes qui constituent l'audience (le marché) ne sont pas encore prêtes. Elles soulèveront une des objections suivantes : pas confiance, pas envie, pas le temps, pas besoin, pas d'argent.

- **Le rôle du contenu n'est donc pas de publier à propos de son travail et de son offre** (soulagement !)

- **Développer un marché, développer sa clientèle, c'est utiliser son contenu pour transformer des individus** en agissant sur la conversation qui a déjà lieu dans leur tête et les préparer, les transformer en clients potentiels.

- **Développer son marché, ce n'est donc pas la même chose que développer sa visibilité**, c'est différent de se démarquer, et ça n'a rien à voir avec baisser ses prix !
- **Une stratégie de contenu efficace va faire le lien entre ce qui se passe aujourd'hui pour votre lecteur et votre vision d'entrepreneur** : le point de départ d'un message commercial efficace, d'une stratégie commerciale efficace, est donc le client.

Pour recevoir gratuitement les mises à jour et bonus actuels et à venir du livre, rendez-vous sur http://selmapaiva.com/lesbonusdulivre !

3.

Commencez par le bon

« pourquoi »

*« Franchement copain, et si on revenait à la base de
ton produit : pourquoi existe-t-il ? »
— Florian Pouvreau*

Florian Pouvreau écrit que chaque jour, il échange avec de nouveaux Products Managers et Responsables Marketing des NTIC, et qu'à chaque fois il a envie de leur dire :

« Franchement copain, et si on revenait à la base de ton produit : pourquoi existe-t-il ? »

Commencez par « pourquoi », mais le bon !

« Start with why » — d'accord ! Si vous vous intéressez déjà au marketing, vous êtes sûrement déjà tombé-e sur cet excellent conseil de Simon Senek.

Mais il y a quiproquo qui arrive presque toujours juste après, ça m'agace :-)

Quand on demande à quelqu'un pourquoi il fait ce qu'il fait, quand un client se demande pourquoi le vendeur fait ce qu'il fait : ce n'est *pas* pour connaître son parcours en mode CV historique.

Le parcours de quelqu'un, ses motivations, sa passion : l'interlocuteur n'en a rien à faire s'il ne se sent pas concerné d'abord.

Évitons le malentendu : le parcours compte, beaucoup, mais pas à ce stade.

Pourquoi faites-vous ce que vous faites ? Pourquoi est-ce que votre produit existe ?

Ce ne sont pas des questions qui portent sur vous, mais sur la vision que vous avez pour vos clients. Qu'est-ce que vous changez pour eux ? Qu'est-ce qui devient possible grâce à vous, votre travail, vos produits et services, pour vos clients ?

Le truc, c'est que la réponse est absolument impossible à deviner. Comme nous l'avons déjà dit, à moins de passer 20 ans dans un monastère tibétain avant de monter un business, on ne peut pas comprendre ce qui se passe vraiment dans la tête de quelqu'un d'autre, parce qu'on n'est pas en capacité de faire abstraction de ce qui se passe dans sa propre tête.

Au fait, à propos de business et de karma, je vous recommande l'article sur le sujet de Cécile Doherty-Bigarra, RV sur *lepalaissavant.fr/comment-creer-du-karma-positif/*

Le défi de l'ère sociale : exercice pratique

Je sais que c'est difficile d'adopter le point de vue de son audience, mais c'est le vrai défi de l'ère sociale : considérez la vie de tous les jours de votre client, indépendamment de ce que vous faites.

>>> **Observez son contexte :**

Son environnement physique et mental, sa vie familiale, personnelle, amoureuse, professionnelle : comment ça se passe pour lui ou elle ?

- Quelles sont les relations qui comptent pour lui/elle ?
- Qu'est-ce qui lui pose problème ?
- Qu'est-ce qui lui fait envie ?
- Qu'est-ce qui l'empêche de le concrétiser ? Pourquoi ?

Maintenant, une fois qu'il/elle aura acheté et utilisé ce que vous faites :

- Qu'est-ce qui aura changé ?
- Quel sera l'impact sur sa vie de tous les jours ? Son contexte, son environnement, ses relations, l'image qu'il/elle donne ? L'image qu'il/elle a de lui-même ?

L'objectif de ces questions n'est pas de vous poser une colle : les réponses ne coulent pas de source, et encore moins de ce que vous imaginez, ni de ce que vous croyez savoir de vos clients, car dans l'échange de valeurs, les apparences sont généralement trompeuses.

Ce qui se passe en surface n'est qu'un pâle reflet des profondeurs de l'âme humaine et oui, c'est aussi profondément ça que je vais vous inviter à plonger (nous verrons concrètement comment dans la quatrième partie de ce livre).

Mais avant de pouvoir faire le lien entre :

- d'une part votre travail, avec ce qui devient possible grâce à lui ;
- et d'autre part ce qui se passe aujourd'hui dans la vie de tous les jours de votre client et entre ses deux oreilles... vous devez le connaître sur le bout des doigts.

C'est-à-dire que vous devez connaître votre interlocuteur mieux qu'il ne se connaît lui-même. N'ayez pas peur : c'est possible — et ô combien épanouissant — d'utiliser le potentiel du web pour faire d'Internet une table pour deux. *(Nous reviendrons concrètement sur ces questions à poser au chapitre 14).*

Je suis là pour vous guider — mais d'abord, examinons **la vraie conséquence de la**

transformation numérique, pour mieux l'utiliser après !

Points-clefs et pistes d'action
Chapitre 3 — Commencez par le bon « pourquoi »

Points-clefs :

- **Le parcours de quelqu'un, ses raisons, sa passion ?** Un interlocuteur/lecteur n'en a rien à faire s'il ne se sent pas concerné d'abord.

- **Pour aborder votre travail et votre contenu du bon pied, commencez par « le bon pourquoi »,** c'est-à-dire : la raison d'être de votre produit du point de vue de votre client, pas du vôtre !

- **Attention : on ne peut pas deviner ce qui se passe dans la tête de quelqu'un d'autre,** ni faire abstraction de ce qui se passe dans sa propre tête. Connaître vraiment son client implique d'observer, échanger, écouter, analyser, interpréter.

Pistes d'actions :

- **Réfléchissez à la raison d'être de votre produit, votre service :** pourquoi est-ce qu'il existe ? Qu'est-ce qu'il change pour vos clients ? Qu'est-ce qui devient possible pour eux, grâce à vous, votre travail, votre produit, votre service ?

- **À faire : le défi de l'ère sociale,** exercice pratique (dans ce chapitre)

Pour recevoir gratuitement les mises à jour et bonus actuels et à venir du livre, rendez-vous sur http://selmapaiva.com/lesbonusdulivre !

4.

La vraie conséquence de la transformation numérique

La vraie conséquence de la transformation numérique ? C'est que la stratégie traditionnelle est morte, vous vous en doutez.

Cela fait des années déjà que son épitaphe a été publiée par Nilofer Merchant, chez Harvard Business Review. C'était en 2012. Et son héritage pèse encore — mais plus pour longtemps — sur le commerce d'aujourd'hui.

Si ce décès rétablit la place de la conversation et de la relation en piliers indissociables de la transaction financière, impose le P2P comme successeur inévitable du tandem B2B/B2C, c'est parce que la transformation digitale ne se résume pas à l'Internet des objets connectés.

La transformation digitale ne se résume pas à l'Internet des objets connectés

La première conséquence de la transformation numérique, nous l'avons vu : ce sont les nouvelles attentes des clients.

À nouvelles attentes, nouveaux besoins, et nouveaux processus : créer de nouveaux produits et services, améliorer les existants, mettre au point une stratégie d'activité, une stratégie de contenu, de vente... Tout ça ne peut plus se faire en vase clos, dans une dynamique linéaire au bout de laquelle se trouve l'abonné, le lecteur, le client.

Nos idées de créateur, de prestataire, d'entrepreneur, de start-upper reprennent la place qu'elles n'auraient jamais dû quitter : celles d'hypothèses à soumettre, partager, tester.

Le retour à l'humilité

Le vrai impact du web, de la frénésie de consommation, de la communication de masse, le voici : un retour forcé à l'humilité.

On peut avoir une super idée de collection de produits, d'expériences physiques ou numériques : tant qu'on l'élabore sans interaction poussée avec les personnes pour qui on la développe, on ne sait pas si c'est ce dont elles ont besoin. Et même une fois que cette phase-là est validée, impossible d'élaborer une stratégie de contenu efficace sans elles !

Pour résumer, le marketing ne peut plus être l'étape qui prend le relais une fois l'offre créée.

La zone où la magie opère

Quand on tient compte des attentes des clients (rappelez-vous : 87 % d'entre eux attendent d'être impliqués !), on entre dans la zone où la magie opère.

La magie ? Oui ! Car quand on arrive à faire preuve d'humilité dès le début, on implique d'emblée les personnes concernées par l'idée de produit/service qu'on a en tête. Ce faisant, on ouvre la porte à la flexibilité, au gain de temps et d'argent.

Le piège de l'ambition

Je reçois parfois des mails d'entrepreneurs qui me décrivent leur projet pour me demander combien de temps y croire avant de passer éventuellement à autre chose.

La vérité, c'est que ça dépend du projet, car Rome ne s'est pas faite en 1 jour... mais en quelques semaines, quelques mois à peine, les outils que nous avons à notre disposition aujourd'hui, grâce à la transformation numérique, nous permettent de tester une idée rapidement *(Nous y reviendrons au chapitre 15 !)*.

>>> Voyez petit d'abord, pour mieux voir grand après

- **Avant d'investir des milliers d'euros et des mois de travail** à développer une collection de 5 000 pièces : préparez une collection capsule. Un prototype de chaque produit, une page de vente et de l'huile de coude bien sûr : ça part ou ça vous reste sur les bras ?

- **Avant de plancher jour et nuit sur un programme en ligne qui va durer 6 mois :** préparez une liste de 30 personnes intéressées, étudiez-les à fond pour élaborer la trame de votre programme, la page de vente, un bouton Paypal, une invitation par mail. Rajoutez toujours l'indispensable huile de coude, cliquez sur envoyer > vos places partent ou pas ?

- **Si ça part, formidable !** Maintenant créez votre programme, et améliorez-le grâce aux retours de vos clients, pour une version 2 encore meilleure.

- **Si ça ne part pas : pourquoi ?** Est-ce que vous avez bien choisi les bonnes personnes ? Est-ce que vous avez bien

> présenté une idée dont elles ont besoin ?
> Est-ce que c'est le format (modalités,
> durée, prix) qui pèche ? Est-ce que c'est
> le message de vente ?

Tester rapidement permet d'améliorer rapidement ce qui peut l'être avant d'investir des mois dans la conception d'un produit/service sans aucune garantie de retour sur investissement.

Le potentiel formidable du web

Le potentiel formidable du web aujourd'hui, c'est que nous pouvons partir de quasiment rien, trouver un mini-panel de personnes intéressées/clients potentiels en ligne, tester une idée et nous rémunérer pendant le processus de recherche et développement.

Car cette collection capsule, cette 1ère version d'un programme n'est pas une fin en soi : ce n'est que le début, qui va vous permettre de commencer à gagner de l'argent sans attendre que le produit soit fini ou parfait, et justement d'élaborer un produit/service encore meilleur parce que vous êtes dans les tranchées, aux côtés de vos clients au lieu d'essayer de faire tout bien seul à construire sur des suppositions que vous êtes dans l'impossibilité de valider !

L'effet boomerang

Ce que personne ne peut vraiment cerner seul non plus, **c'est la valeur de son propre travail.**

Sérieusement : ce que je fais me demande du travail, certes, beaucoup mais... ça coule de source pour moi. Je ne peux pas *vraiment* imaginer qu'on n'arrive pas à concevoir sa stratégie de contenu.

Je ne peux pas l'imaginer, mais je constate tous les jours que c'est un challenge pour mes clients.

Ils s'en sortent très bien parce que je les guide : ce sont leurs retours, leurs résultats, leur reconnaissance qui me montrent la valeur de mon travail et à quel point ce qui est évident pour moi ne l'est pas pour tout le monde.

Et c'est la même chose pour vos clients et vous, je vous le garantis : vous ne pouvez pas imaginer ce que vous leur apportez.

Si vous posez les bonnes questions, les témoignages, les enquêtes de satisfaction, les retours peuvent vous donner une bonne idée de la valeur de votre travail, mais une idée... *incomplète*.

Car si vous n'avez pas vraiment plongé sous la surface avec vos clients *avant* qu'ils achètent ce que vous faites, vous n'avez pas une idée precise de ce que vous changez pour eux après, promis.

Or la valeur que vous apportez à vos clients *est* cette transformation avant-après : pas dans le produit ou service en tant que tel, mais dans le changement qu'il provoque.

L'échange de valeurs est cassé, vous vous souvenez ? Il s'est cassé quand le marketing s'est perdu dans le dédale des possibilités de la transformation numérique. Les clients sont des personnes, pas des produits. **C'est leur transformation à eux qui les intéresse !**

La transformation capitale, c'est celle des clients

La technologie nous a changés, et on peut lire régulièrement que le numérique tous azimuts oblige aujourd'hui les entreprises à accélérer, finaliser, leur transformation digitale.

Mais la transformation *capitale* n'a pas lieu au niveau des outils que nous utilisons : cette vision des choses passe à côté... de l'essentiel !

Oui, nos comportements ont changé, oui nous avons des habitudes aujourd'hui que nous n'aurions pas pu imaginer il y a 15 ans quand tous les téléphones avaient des touches et que les écrans tactiles faisaient partie de Star Strek.

À cette époque, nous avions très peur de la mondialisation, je ne sais pas si vous vous souvenez ? Nous étions méfiants face à l'uniformisation, les écrans, les jeux vidéos, et quand ils sont arrivés : les réseaux sociaux !

Nous avions peur de cette « réalité virtuelle », peur qu'elle nous éloigne de la « vraie vie ».

Ce qui est vraiment en train de se passer de différent, c'est que ces outils ont modifié nos attentes d'individus. Ils nous rapprochent. Ils créent des liens.

Être hyper informés, avoir accès à toutes ces idées et personnes nous rend plus ouverts, créatifs, flexibles.

En tant que client, nous n'avons plus besoin du vendeur du magasin pour comparer les modèles d'aspirateur, de voiture, de sac comme les approches de tel ou tel thérapeute, prof de yoga, web designer.

Forcément, nos attentes ont changé. Le marketing, la vente ne peuvent plus être orientés produit, mais client. Cette transformation joue sur le processus d'élaboration d'une offre, comme nous avons vu, et bien entendu sur la manière de communiquer. Pas simplement parce que nous avons aujourd'hui une ribambelle d'outils allant du blog à la page de vente, en passant par le mail, Twitter, Facebook, Périscope, Snapchat, Pinterest et j'en passe... mais parce que ces outils-là permettent de créer une relation bi-directionnelle.

Nous sommes fin prêts pour **l'ère de la connexion.**

Points-clefs
Chapitre 4 – La vraie conséquence de la transformation numérique

- **La transformation digitale ne se résume pas à l'internet des objets connectés** : le vrai impact du web, de la frénésie de consommation, de la communication de masse est un retour forcé à l'humilité.
- **On ne peut plus développer ses produits et services ni sa stratégie sans interaction poussée avec les personnes concernées.** Le marketing ne peut plus être l'étape qui prend le relais une fois l'offre créée.
- **Le web permet de commencer plus petit, plus vite,** en testant une version minimale de son idée de produit ou service puis en l'améliorant dans l'interaction avec les premiers clients.
- **Utilisé comme un laboratoire,** le web permet d'éviter le piège de l'ambition. Lequel a pour conséquence de passer des mois à développer des produits ou services a priori bons mais dont les clients n'ont pas besoin !
- **Cette interaction déclenche aussi un effet boomerang précieux,** étant donné qu'une bonne connaissance de ses clients avant leur

achat puis après permet de visualiser la valeur de son propre travail puis de la formuler en langage client.

- **La transformation numérique capitale n'a donc pas lieu au niveau des technologies que nous utilisons** mais de leurs conséquences : elles nous rapprochent, elles créent des liens, elles nous rendent plus ouverts, créatifs, flexibles.

Pour recevoir gratuitement les mises à jour et bonus actuels et à venir du livre, rendez-vous sur http://selmapaiva.com/lesbonusdulivre !

PARTIE DEUX

L'ère de la connexion

« Tout est connecté à Internet.
Pas l'Internet des objets connectés,
comme nous avons été amenés à le croire.
Mais un Internet de personnes, de clients,
qui se connectent à tout. »
— Jean-Philippe Baert, sur les Échos. Fr

5.

L'ère sociale, l'ère de la connexion

« Les médias sociaux sont un ensemble de services en ligne permettant de publier et partager des contenus, d'échanger des messages de toute nature, d'héberger des conversations, de collaborer et de mettre en relation des individus dans un cadre personnel, professionnel ou thématique. »
— Fred Cavazza

Avec le développement du web, les attentes ont changé : nous sommes prêts pour l'ère vraiment sociale, l'ère de la connexion.

La vente et le marketing traditionnels font la part belle au vocabulaire agressif : on vise une cible, on gagne des clients, on capture des parts de marché. Mon Dieu ! Heureusement que le moment est venu de tourner cette page.

La transformation numérique nous permet de revenir à l'essence du commerce en redonnant leur place de piliers à la conversation et la relation.

Dans cette nouvelle ère, sens, authenticité, et passion sont les valeurs à l'honneur. Alors certes, ces termes en sont devenus galvaudés, vous avez remarqué !

Ce que nous allons voir maintenant, c'est ce qu'ils impliquent sous la surface, et ce qui devient possible grâce à cette lame de fond.

Nous sommes tout le temps dans la vente, de toute façon

Une démarche commerciale qui combine « sens, authenticité et passion », c'est celle qui tourne autour de l'autre. Nous sommes tout le temps dans la vente, de toute façon.

« Vendre est humain », comme l'a si bien titré Dan Pink. Que vous soyez parents, formateurs, collègues, conjoints, membre d'une famille, à partir du moment où vous êtes en conversation avec une autre personne et que votre objectif est de l'aider à apprendre quelque chose, à résoudre un problème, à concrétiser ce qui lui fait envie – ou ce qui vous fait envie, vous ne pouvez pas imposer vos idées sans placer votre interlocuteur sur la défensive.

C'est le conflit assuré avec ses collègues. La tension qui monte avec la belle-famille. Les enfants qui refusent de coopérer. Un blog dont on n'arrive pas à mesurer l'impact sur les ventes. *Damned !* On ne nous suit pas, et imposer les idées que nous voudrions faire passer crée une mauvaise ambiance :

quand c'est de commerce qu'il s'agit, l'échange de valeurs est cassé !

Vous ne pouvez que vous adapter au point de vue de votre interlocuteur pour l'amener à adhérer à votre vision des choses, lui « vendre » vos idées.

C'est la conversation, adaptée à la perspective de l'autre, qui va l'amener à faire le lien entre ce qui se passe dans sa tête et ce qui se passe dans la vôtre.

Ce sont les connexions qui créent de la valeur

Comprendre la nouvelle économie, c'est comprendre la règle n° 1 de l'ère sociale : ce sont les connexions qui créent de la valeur — conclusion de l'étude Edelman, et thèse brillamment développée dans son livre par Nilofer Merchant.

Adopter les idées proposées par quelqu'un d'autre implique un changement, même minime. On n'est pas prêt à acheter le jour où on tombe sur votre travail, ce qui veut dire qu'un changement, même minime a eu lieu le jour où on est prêt à le faire.

On peut accepter de faire ce que vous demandez parce qu'on craint des conséquences négatives (l'enfant craint une punition, le conjoint un conflit, le collègue un retour de manivelle, le client la fin d'une promotion...).

Ou alors, on peut suivre parce qu'on est porté par votre vision : dans ce cas, les contraintes pèsent moins, on fait même preuve d'initiative, on devient acteur de son propre changement.

Car à partir du moment où on visualise ce qui devient possible pour nous, où on sait pourquoi on fait tout ça, ce qu'on va en retirer : on suit. On se laisse mener par vous, parce qu'on est inspiré par vos idées, pas par crainte des conséquences d'un refus.

À vous d'utiliser votre contenu pour nous amener à faire une connexion entre ce qui se passe dans notre tête et ce qui se passe dans la vôtre. Un vrai défi bien sûr, nous allons voir comment le relever dans la troisième partie de ce livre !

Les enjeux de la connexion

Devenir visionnaire est LA compétence à développer dans la nouvelle économie, vous vous souvenez ?

Vendre son travail ne rime plus avec interrompre les internautes, leur imposer nos messages, les amener à acheter de guerre lasse, à coup d'offres spéciales.

Dans l'économie du ET, la démarche est désormais orientée client : le contenu n'est plus du matraquage promotionnel mais un outil pour transformer son audience en clientèle potentielle. Changer le monde ET vendre mieux : voilà votre programme.

Changer le monde ? Oui.

Votre stratégie de contenu vous permet de faire progresser votre lecteur, en connectant les points-clefs : ce qui compte pour lui, ce qui compte pour vous et ce qui devient possible s'il adhère à votre vision des choses.

Vous le guidez, ce qui veut dire que vos publications ont un impact sur votre audience : même ceux qui n'achètent pas avancent grâce à vous.

Magique : la connexion fluidifie les ventes justement parce que le commerce n'est plus synonyme de transaction financière. Il se nourrit d'une conversation et d'une relation qui nous font progresser, grandir, qu'on passe à la caisse ou non.

Vous devenez l'artisan d'un monde nouveau.

Le chemin à paver

Votre contenu orienté client vous permet désormais de paver le chemin que votre lecteur va parcourir entre le moment où il arrive chez vous et celui où il devient potentiellement client : il a besoin d'évoluer pour passer du premier point au deuxième, les achats impulsifs sont rares !

Pour acheter dans de bonnes conditions, votre interlocuteur a besoin :

- de comprendre la valeur de votre travail ;
- de visualiser ce que vous allez lui permettre de concrétiser, de résoudre.

Il a aussi besoin :

- d'être inspiré par votre approche ;
- d'apprécier votre univers, votre personnalité.

Il choisira ce que vous proposez non parce qu'il n'y a pas d'autres choix ailleurs, non plus parce que c'est moins cher qu'ailleurs mais parce qu'il vous a identifié comme étant la personne dont les produits et services sont ce qu'il lui faut.

> « Cette nouvelle ère, l'ère sociale, renoue des concepts qui étaient devenus antinomiques :
> être et avoir, générer des profits et avoir un impact positif sur le monde. »
> — Nilofer Merchant

L'ère sociale connecte les gens, les choses, les idées, et que la valeur que chacun d'entre nous retire d'une transaction commerciale naît de ces connexions-là.

À tarif/prestation/produit égal, on choisit d'acheter auprès de la personne avec qui on peut s'imaginer discuter autour d'un café.

Rappelez-vous toujours : Internet est une table pour deux.

C'est le moment d'être vraiment vous.

Est-ce que c'est vraiment possible ?

Lâcher prise avec ses idées, faire preuve d'humilité, co-créer avec ses clients, les faire progresser avec son contenu et en plus... être vraiment soi ?

Est-ce que c'est possible d'abord cette histoire ? Il n'y a pas de manuel de l'entrepreunariat, ah ah !

Pas de diplôme certifiant, de modules à valider. Les entrepreneurs sont donc particulièrement touchés par le syndrome de l'imposteur : difficile d'être vraiment soi en ligne, devant tout le monde !

Si nous étions dans une pièce tous ensemble, et que je demande « *Qui voudrait plus de visibilité ? Qui voudrait se faire connaître auprès d'une nouvelle audience ?* », toutes les mains se lèveraient : n'est-ce pas ?

Mais faire connaître... quoi ? Une entreprise ? Un produit ? Un service ? Alors là, c'est déjà bouché partout.

La vérité, c'est qu'être visible, c'est d'abord être — et même si on ne sait pas forcément bien ce que ça veut dire, c'est impressionnant. On se trouve facilement une raison de rester dans l'ombre, sa vraie personnalité cachée derrière sa marque, son site, et même son blog !

Ce qui devient possible sur le web avec l'économie du ET ? Faire la différence en étant vous. Les marques, les entreprises, les entrepreneurs ne sont plus censés être parfaits et lisses, au contraire.

On ne peut plus de toute façon : il y a trop de bruit en ligne, trop de contenu vide, impersonnel, remâché.

Si on ne mise pas sur sa personnalité, sa vision des choses, son parcours, ses centres d'intérêt, ses points forts : on met ses lecteurs/abonnés/clients en mode COMA.

Nous allons en reparler dans le chapitre suivant, car attention, cette nouvelle approche du web, ce n'est pas pour autant l'ère du moi-je ! Au contraire : c'est l'occasion d'avoir d'autres sujets de conversation, d'autres atomes crochus avec ses clients que le passage en caisse.

Internet est une table pour deux : la conversation autour de cette table virtuelle est alimentée par votre contenu, le nouveau web est le terreau idéal du **Personal Branding** !

Points-clefs
Chapitre 5 – L'ère sociale, l'ère de la connexion

- **C'est la conversation, adaptée à la perspective de l'interlocuteur, qui l'amène à faire le lien** entre ce qui se passe dans sa tête et ce qui se passe dans la vôtre. La conversation permet la connexion.

- **Ce sont ces connexions qui créent de la valeur.** Adopter les idées proposées par quelqu'un d'autre implique un changement, même minime. À vous de permettre à votre lecteur de connecter vos idées, votre vision des choses à ce qui se passe dans sa tête : ses problématiques, ses envies, ses besoins.

- **Votre stratégie de contenu vous permet de faire progresser votre lecteur, en connectant ces points-clefs :** ce qui compte pour lui, ce qui compte pour vous et ce qui devient possible s'il adhère à votre vision des choses.

- **Attention : faire connaître une entreprise, un produit ou un service, c'est déjà bouché partout.** Ce qui devient possible — et inévitable — avec l'économie du ET : faire la différence en étant soi.

- **Internet est une table pour deux :** la conversation autour de cette table virtuelle est alimentée par votre contenu, le nouveau web est le terreau idéal du **Personal Branding** !

Pour recevoir gratuitement les mises à jour et bonus actuels et à venir du livre, rendez-vous sur http://selmapaiva.com/lesbonusdulivre !

6.

L'ère du personal branding

« L'art de rebondir sur son parcours est la compétence la plus importante du XXIᵉ siècle. »
— Fadhila Brahimi

De la même manière que quand ils ne sont pas « occupés à être la cible commerciale de quelqu'un, les internautes sont juste des gens » : quand ils ne sont pas occupés à être des vendeurs, les entrepreneurs sont « juste des gens » aussi !

Évident ? Oui... *ou pas.*

Combien d'articles, de posts, de mails commerciaux sont vraiment écrits comme dans la « vraie vie » ?

Trop peu ! C'est pour ça que les abonnés se plaignent d'être inondés de publicités sur les réseaux et de newsletters dans leur boîte mail dont ils n'ont rien à faire (et souvent qu'ils n'ont même pas demandées !).

Internet est une table pour deux, et ce que chacun de nous veut y trouver ce sont des morceaux de conversation.

Nous participons *volontiers* aux échanges qui nous inspirent, qui nous font rire, qui nous apprennent quelque chose.

Nous partageons *volontiers* le contenu qui résonne avec l'image que nous voulons donner : le contenu qui va inspirer, faire rire, apprendre quelque chose à nos abonnés à nous.

Nous achetons *volontiers* les produits et services qui répondent aussi à ces critères-là.

> *« L'échange de valeurs implique de raconter des histoires et de les partager. Les clients veulent être invités à faire partie du développement et de l'affinement des histoires d'une marque. »*
> — *Edelman, Brandshare*

Ce que nous achetons ? Des morceaux de conversation

Quel est votre accessoire préféré ? Pourquoi ? Comment vous vous sentez, quand vous le portez ? Qu'est-ce que vous avez à raconter quand on vous demande d'où ça vient ?

Vous avez déjà une anecdote en tête ? Moi aussi ! J'ai une belle écharpe en soie imprimée. Et si le matériau est très beau, ce n'est pas ce qui compte le plus. Cette écharpe raconte un voyage : celui d'une photographe américaine qui a pris ses clichés en Arizona.

Ses images sont ensuite imprimées sur de la soie : j'ai un joli morceau de conversation à raconter à chaque fois qu'on me fait un compliment sur cette étole, fan de l'Ouest que je suis !

Nous sommes fascinés par les histoires, depuis la nuit des temps. Et ce n'est ni l'arrivée de la radio, du cinéma, de la télé ou du web qui ont changé la donne — profitons-en : s'appuyer sur le story telling, le personal branding, c'est permettre au client d'être plus qu'un portefeuille !

Alors souvenez-vous bien de ceci : on n'achète pas un produit, un service, une formation, une séance photo, un logo, un sac... On achète un morceau de conversation, une histoire à raconter.

> « Être visible, c'est d'abord être. »
> — Fadhila Brahimi

Raconter des histoires, c'est offrir des atomes crochus et faire des liens que votre audience ne voit pas encore. C'est aussi assurer son propre rôle : donner à voir qui on est vraiment et ça appuie là où ça fait mal – la vulnérabilité !

Heureusement, être soi en ligne n'a rien à voir avec un journal de bord, car attention, le personnage principal, c'est votre lecteur, pas vous !

En suivant le fil que vous déroulez avec votre contenu, vos lecteurs se rendent compte que hum... effectivement, ils ont un problème (qui n'est généralement pas celui qu'ils avaient identifié seuls) et que tiens donc, l'histoire que vos articles racontent résonne avec les questions qu'ils se posaient !

Ils entrevoient du coup un autre déroulement possible pour eux, ils ont envie de lire la suite. Ils finissent par envisager que oui, c'est vous qui pouvez les guider... et que ce que vous vendez est bien l'outil (ou l'expérience) dont ils ont besoin.

Les distances tombent, les masques aussi

La vraie question la voici : quand vous n'êtes pas en train de vendre, qui êtes-vous ?

De la même manière que vous avez besoin de savoir qui est votre client quand il n'est pas votre client, lui a besoin de savoir qui vous êtes quand vous n'êtes pas en train de lui vendre quelque chose.

Les distances tombent, les masques aussi : je suis toujours fascinée par la facilité avec laquelle les conversations se déroulent, sur Skype ou autour d'un café, avec des personnes que je n'avais jamais rencontrées avant. Mais nos contenus respectifs sont en ligne : ils parlent pour nous jusqu'à ce que nous prenions rendez-vous pour discuter comme si nous reprenions la conversation là où nous l'avions laissée au dernier café.

Sérieusement : Internet est une table pour deux.

Nous allons dans le sens où le courant passe mieux

À prestation/produit/service similaire chacun de nous va vers celui avec qui le courant passe mieux.

De la même manière, en tant que client, patient, qui n'a jamais eu l'expérience du médecin, du psy, du coach, du vendeur, du graphiste, du développeur de qui on n'a jamais réussi à se faire comprendre parce qu'on n'était tout simplement *pas faits* pour se comprendre ?

Rebondir sur son parcours, écrire avec sa personnalité, être visible, c'est vraiment s'exposer. C'est à la fois très inconfortable (car il y aura forcément des retours négatifs) mais c'est aussi beaucoup plus confortable car on est en position de se faire repérer par les bonnes personnes : celles qu'on peut potentiellement aider plus que les autres, celles qui vont obtenir de meilleurs résultats que les autres parce que l'échange de valeurs est plus fluide. Imaginez l'énergie, l'inspiration, le CA qui peuvent se dégager pour vous quand vos clients sont ceux qui vous correspondent le mieux !

Par quoi commencer ? Par votre parcours : nous verrons également d'autres « ingrédients » dans le chapitre « se démarquer », partie 4.

Commençons par des exemples :

« J'ai collaboré à ses débuts avec le magazine Inexploré qui, justement cherche à explorer, étudier, investiguer, les phénomènes inexpliqués.
J'aime beaucoup cette métaphore d'aller au-delà de ce qui est là, devant nous, évident et visible.
Car en fait, il y a beaucoup plus que ce qui est visible. Y compris dans le business ou la reconversion. Si on l'oublie, on ne prend en compte

que ce qu'on voit et on occulte tout un pan d'angle mort. Les décisions sont biaisées et on peut tomber dans la peur au détriment de la confiance. »
— Marjorie Llombart

Marjorie est coach pour les femmes qui veulent trouver le job qui les fait vibrer et savoir comment en vivre.

Elle n'est pas la seule sur ce créneau, n'est-ce pas ? Le jour où elle a décidé de sortir son côté cosmique du placard, elle a mis en avant un atout-clef pour se différencier — son vécu et ses valeurs offrent des atomes crochus aux personnes qui croient aussi qu'il y a beaucoup plus que ce qui est visible (passionnant !).

Son parcours, associé à ses compétences, son pragmatisme et à sa personnalité en font une image de marque inimitable. Inspirez-vous-en !

Continuons.

Damien Fauché aide ses clients à créer un travail qu'ils aiment. Mais encore ? Damien aime le chocolat, les ninjas, et vit avec moins de 100 objets. Si vous aussi, vous commencez à tendre l'oreille. Son parcours ? Il a commencé en entreprise (ça se passait bien, mais c'était limité), avant de devenir nomade digital, c'est-à-dire qu'il voyage et travaille d'un peu partout dans le monde. Damien s'appuie sur son parcours, ses goûts, ses choix pour inspirer les dissidents.

> >>> **À vous :** quels sont les étapes, les choix passés, qui nourrissent votre démarche d'aujourd'hui ? Notez-en au moins 3, nous y reviendrons !

Anne-Solange Tardy a fait de son blog un endroit dédié au bonheur : auteur de dizaines de livres, d'épisodes télé, de tutoriels DIY, elle est aussi photographe. Si aujourd'hui elle aide ses clients à dire adieu aux photos ratées pour faire de leur compte Instagram un fil de gratitude, c'est qu'elle revient de loin.

Partager ses déboires du début et ses premiers visuels (affreux !) montre à son audience que non, la vie n'est pas parfaite, mais qu'on peut rebondir sur ses échecs pour faire mieux. Et choisir de prendre des photos de son quotidien pour n'en garder que le meilleur, cultiver la gratitude pour être plus heureux et faire rayonner ce bonheur-là.

> >>> **À vous :** lesquelles de vos compétences humaines ou techniques viennent de leçons apprises sur le tas ?

Là est l'essence du personal branding à l'ère de la connexion : on ne vous demande pas d'être lisse, on ne vous demande pas d'avoir un CV rectiligne, ni même d'être le meilleur dans votre domaine (si on ne se sent pas compris, quel intérêt ?).

Imaginez le soulagement ! Vous pouvez utiliser votre contenu pour construire une image de marque qui a un pouls !

À vous le contenu qui a un pouls !

>>> Vous pouvez :

- Rebondir sur les zigzags de votre parcours :
  - Qu'est-ce que vous en avez retiré ?
  - En quoi jouent-ils sur la manière dont vous voyez les choses, dont vous travaillez aujourd'hui ?

- **Nous faire rire :** nous sommes lassés des marques, entrepreneurs, entreprises qui se prennent trop au sérieux. On ne se souviendra pas de tous les mots que vous avez écrits, mais on se souviendra de ce qu'on a ressenti en vous lisant :
  - Qu'est-ce qui vous fait rire ? Et qui est-ce qui vous fait rire ? Pourquoi ?
  - Comment est-ce que vous pourriez le mentionner quand vous écrivez ? (extraits, parallèles, références, comparaison ?)
  - Comment est-ce que vous voulez que votre lecteur se sente quand il vous lit ? Reprenez vos 3 dernières publications : est-ce que vous ressentez ça vous-même ? Sinon, retravaillez vos 3 derniers textes pour y mettre les ressentis que vous voulez qu'on y trouve !

- **Redéfinir vos échecs !** J'ai connu des échecs, vous avez connu des échecs, ils ont connu des échecs — échouer est un verbe qui se conjugue à toutes les personnes, à tous les temps :

  - Quels sont ceux que vous avez surmontés et que vous pouvez partager (avec humour si possible, voir point précédent !) pour briser la glace, inspirer votre lecteur et faire disparaître l'écran ?

Internet est une table pour deux — bien sûr, nous sommes dans une optique professionnelle, donc vous allez choisir ce que vous partagez avec discernement : vos choix construisent votre image de marque. Mais franchement, soyez humain, vous n'en serez que plus crédible, et plus apprécié.

Aujourd'hui comme jamais, vous pouvez travailler avec des personnes qui comprennent vraiment qui vous êtes, et qui vous apprécient pour ça : des personnes qui sont sur la même longueur d'ondes que vous, des clients avec qui vous avez de vraies affinités, des sujets de conversation au-delà du travail.

Vos clients n'attendent que ça. Pour répondre à ces attentes justement, votre démarche sera en partie introspective : être vous implique une bonne connaissance de qui vous êtes, et particulièrement de vos **points forts.**

Points-clefs et pistes d'action
Chapitre 6 – L'ère du Personal Branding

Points-clefs :

- Les internautes sont justes des gens... les entrepreneurs aussi !
- De la même manière que **vous avez besoin de savoir qui est votre client quand il n'est pas votre client,** lui a besoin de savoir qui vous êtes quand vous n'êtes pas en train de lui vendre quelque chose.
- **La vraie question la voici :** quand vous n'êtes pas en train de vendre, qui êtes-vous ?
- **Internet est une table pour deux,** et ce que chacun de nous veut y trouver ce sont des morceaux de conversation. Choisissez les vôtres pour développer votre image de marque.
- **Donner à voir qui on est vraiment appuie là où ça fait mal – la vulnérabilité !** Heureusement, être soi en ligne n'a rien à voir avec un journal de bord, car attention, le personnage principal, c'est votre lecteur, pas vous !

Pistes d'action :

- **Parcours :** quels sont les étapes, les choix passés, qui nourrissent votre démarche d'aujourd'hui ?
- **Savoir-faire, savoir-être :** lesquelles de vos compétences humaines ou techniques viennent de leçons apprises sur le tas ?
- **Notez-en au moins 3 de chaque,** nous y reviendrons pour rebondir sur les zig zags de votre parcours, faire rire, redéfinir vos échecs.

Pour recevoir gratuitement les mises à jour et bonus actuels et à venir du livre, rendez-vous sur http://selmapaiva.com/lesbonusdulivre !

7.

Créer, vendre
avec discernement :
la révolution des forces

« Oui, la puissance d'un Jedi vient de la Force. »
— Maître Yoda

Je me souviens de mes années lycée : je m'asseyais au fond de la classe. Non parce que j'étais cancre, au contraire, mais parce que j'avais l'impression de mieux sentir ce qui se passait quand j'avais une vision d'ensemble des interactions.

J'étais en terminale Littéraire, au lycée Lyautey de Casablanca, bastion d'excellence de l'enseignement français à l'étranger. Le contexte : le programme est le même qu'en France métropolitaine, mais pas l'accès, les frais d'inscription sont élevés.

Les élèves sont donc issus pour leur très grande majorité de familles extrêmement aisées : ils partent après le bac se former en France, au Canada, aux

États-Unis dans l'économie, l'ingénierie, le droit, la médecine, le commerce de haute voltige.

Alors sur 18 terminales, il n'y en avait qu'une seule en littéraire, avec 17 élèves. La classe des poètes. Ceux qui voulaient devenir illustrateur, écrivain, musicien, sociologue... souvent au grand dam de leurs parents, comme en témoignait l'hématome sur la joue d'un camarade de classe le jour de la rentrée, quand son père a appris dans quelle filière il s'était inscrit.

J'étais déléguée de classe. Non que le rôle me fasse envie (je suis timide, et oui, je sais que ça ne se voit pas !), mais parce que mes camarades m'avaient demandé de les représenter : j'étais celle qui faisait bien passer les messages entre les profs, l'administration, les élèves.

Hier comme aujourd'hui, j'aidais les autres à se comprendre quand ils n'y arrivaient pas parce que moi, je comprenais tout le monde.

J'ai pourtant mis des années à cerner ce point fort qui m'est si utile aujourd'hui dans mon activité : vendeurs et clients ne parlent pas le même langage, vous vous en souvenez !

Nous avons tous du mal à mettre le doigt sur ce que nous faisons particulièrement bien. Pourquoi ?

Parce que la culture de notre système éducatif et professionnel est basée sur la compensation des

« faiblesses » identifiées chez les élèves, les employés, les collaborateurs.

Déplorant cet état de fait, les chercheurs Markus Buckingham et Donald Clifton de l'Institut Gallup ont lancé * roulement de tambour * la révolution des forces... j'adore c't'expression, comme dirait Gad !

La révolution des forces

Avec l'Institut Gallup, ils ont lancé une méta-analyse : 198 000 employés ont été interrogés ! Résultat ? Seuls 20 % d'entre eux ont le sentiment de capitaliser sur leurs points forts au travail, d'être utilisés sur ce qu'ils savent le mieux faire. Quelle calamité !

Pire ? Plus les gens montent dans la hiérarchie, moins ils se sentent utilisés pour leurs points forts.

Ce constat déprimant a une cause culturelle : les organisations partent du principe que tout le monde peut progresser... mais que là où on peut le plus s'améliorer, c'est par rapport à ses points faibles.

Nos amis Buckingham et Clifton ont donc décidé de prendre le taureau par les cornes en lançant leur révolution des forces : ils nous invitent à considérer que **c'est dans ce que nous réussissons déjà bien que nous avons le plus de potentiel.**

>>> **À vous :** je vous recommande vivement leur livre : Découvrez vos points forts (si le livre est en rupture, vous pourrez le trouver plus facilement en version anglaise).

Dans la couverture, vous trouverez un code à gratter pour faire leur test en ligne. Ensuite, vous pourrez vous orienter vers les chapitres vous concernant (1 par point fort) : le livre vous expliquera comment vous en servir au travail !

Non seulement vous pouvez être vraiment vous, mais vous pouvez l'être dans ce que vous faites le mieux !

La révolution du business

Chacun d'entre nous étant passé par l'école et/ou par « le monde du travail » avant de développer son activité, nous avons tendance, dans nos business aussi, à essayer de compenser nos points faibles au lieu de capitaliser sur nos points forts !

Or quand on est aux manettes, on a certes besoin de bien connaître ses clients pour mieux les servir... mais on a également besoin de bien connaître ses points forts pour ne pas se perdre en chemin !

Ce n'est pas évident, car comme on grandit avec cette idée qu'on a quelque chose qui cloche, et que travailler rime souvent avec aller au charbon, c'est difficile de se choisir soi — capitaliser sur ses points forts, sur ce qui nous vient le plus facilement.

La solution ? Dites NON (puis OUI).

Dites N.O.N

Privilégier ses points forts implique... de dire non. Non à certaines idées, non à certains produits et services, non à certaines opportunités, non à certains clients...

Avant d'être libérateur, c'est très inconfortable dans un premier temps !

Capitaliser sur vos points forts, c'est faire des choix sur le fond comme sur la forme pour que l'échange de valeurs se fasse au bénéfice du client comme du vôtre.

Car de la même manière que vous avez envie de créer une belle expérience pour vos clients grâce à votre travail, eux AUSSI veulent être une bonne expérience pour vous !

Et pourtant, quel entrepreneur n'a jamais regretté de voir arriver certaines notifications de vente ? Mais si vous savez, telle formation qui en est venue à vous barber ? Tel produit que vous n'avez plus envie de fabriquer ? Tel type de soin que vous n'avez plus envie d'apporter ? Telle problématique sur laquelle vous n'avez plus du tout envie d'intervenir ?

> >>> **Demandez-vous pourquoi :** est-ce que vous en avez fait le tour, et vous avez envie d'enterrer cette offre pour explorer de nouveaux horizons ? Est-ce que c'est un certain type de client avec qui vous n'avez plus envie de travailler parce que vous avez évolué ? Est-ce que c'est le prix, les conditions qui devraient changer pour retrouver l'enthousiasme initial ?

Pour résumer : est-ce que ce que vous vendez, à qui, et la manière dont vous travaillez sont bien en accord avec vos points forts aujourd'hui ?

Dites non à ce qui ne vous correspond pas — ensuite, dites oui.

Dites O.U.I

Il y a un large éventail d'outils, de contenus, de produits et services possibles : allez vers ce qui vous vient le plus facilement, choisissez les clients, les projets, les produits qui vous plaisent le plus.

Misez sciemment sur vos forces, sur vos traits de personnalité pour prendre des décisions avec discernement : vous allez vous épanouir, et vos clients avec.

Par exemple : ma force n° 1, c'est la stratégie. Du coup rien de ce que je propose n'est une solution rapide. Ce n'est pas que personne n'ait jamais besoin de solution rapide, c'est que ce n'est pas comme ça que je fonctionne le mieux. Du coup aucune de mes offres n'est une solution d'urgence : en groupe ou en solo, j'accompagne mes clients sur le moyen/long terme.

>>> **À vous :**

- Quels sont vos points forts ? Quelles sont les circonstances dans lesquelles vous travaillez le mieux ? Qu'est-ce qui vous va déjà bien, et que vous pourriez accentuer ?

- Aujourd'hui : avez-vous des offres, des modalités de travail, un certain type de clients qui drainent votre énergie ?

- Compte tenu de tout ça : qu'est-ce que vous pouvez faire maintenant, pour aller dans la direction qui vous convient le mieux ? C'est-à-dire : sans tout envoyer valser pour l'instant... quels sont les micros-changements que vous pourriez déjà appliquer, dans vos habitudes de travail, les produits que vous vendez, les clients que vous choisissez ?

Simplicité ne rime pas forcément avec facilité

Simplicité ne rime pas forcément avec facilité... mais dites oui à vos points forts : Internet est une table pour deux, et c'est un outil formidable pour accompagner vos clients dans l'économie du ET.

C'est aussi le meilleur outil pour capitaliser sur qui vous êtes, et **vous démarquer** !

Points-clefs et pistes d'action
Chapitre 7 – Créer, vendre avec discernement, la révolution des forces

Points-clefs :

- **Nous avons tous du mal à mettre le doigt sur ce que nous faisons particulièrement bien.** En effet, la culture de notre système éducatif et professionnel est basée sur la compensation des « faiblesses » identifiées chez les élèves, les employés, les collaborateurs.
- Cependant, c'est dans ce que nous réussissons déjà bien que nous avons le plus de potentiel.
- **Identifier ses points forts** permet de dire graduellement non à ce qui ne nous correspond pas (ou plus) et de dire oui à ce qui nous convient le mieux.
- **Capitaliser sur qui vous êtes** et sur vos points forts st le meilleur moyen de vous démarquer.

Pistes d'action :

- **Lisez le livre** Découvrez vos points forts de Buckingham et Clifton ;

- **Faites le test** (en ligne, offert à l'achat du livre) puis orientez-vous vers les chapitres correspondant à vos points forts ;
- **En fonction de vos points forts, commencez à examiner vos choix,** à revoir votre manière de fonctionner, de travailler pour écarter graduellement ce qui ne vous correspond pas, et développer ce qui vous convient le mieux.

Pour recevoir gratuitement les mises à jour et bonus actuels et à venir du livre, rendez-vous sur http://selmapaiva.com/lesbonusdulivre !

8.

Se démarquer :
les nouveaux points-clefs

« Allô oui bonjour, c'est Sophie Grangier à l'appareil, de la banque trucmuche ! »

Quand j'étais étudiante, j'avais une copine qui s'appelait Sophie G... mais ce n'était pas Sophie Grangier.

Pour financer ses études, Sophie G. travaillait au service client d'une grande banque française — et vous savez quoi ? La banque imposait que toutes les opératrices fassent *semblant* de s'appeler Sophie Grangier (Je ne sais plus pour les opérateurs, mais eux aussi devaient endosser une identité imposée).

J'avoue que je l'ai à moitié crue jusqu'à ce que je reçoive un appel... de Sophie Grangier. Et qu'une autre amie, travaillant pour une autre entreprise me raconte que là-bas aussi, les chargés de clientèle avaient l'obligation d'endosser une fausse identité.

Bien entendu, au bout de deux ou trois échanges téléphoniques, les clients se rendaient compte que ce n'était pas la même personne au bout du fil : la voix, les intonations changeaient, mais les pauvres opérateurs/trices devaient soutenir mordicus que si c'étaient bien eux qu'on avait eus au téléphone la dernière fois !

Je sais qu'Amazon a ses défauts et ses inconvénients, ses admirateurs et ses détracteurs, et je fais plutôt partir de la 1ère catégorie : vous avez un problème avec une commande ? C'est une vraie personne qui vous répond via le chat en live, qui vous donne son nom et son prénom et qui ne vous lâche pas tant que votre problème n'est pas résolu.

La beauté du web aujourd'hui, c'est qu'il rend possible la relation commerciale de Personne à Personne. Et comme dans tout type de relation, on attend de vous que vous soyez vous, et pas quelqu'un d'autre. *Surtout pas quelqu'un d'autre.*

À l'ère des services clients injoignables et des fausses identités d'interlocuteurs, nous en avons assez d'être un numéro dont la demande est traitée par un robot : nous voulons juste être entendus, et que vous soyez vous.

> *« Je vais tout de suite vous mettre à l'aise.*
> *Je porte régulièrement des guenilles. »*
> *— Flora Douville*

Flora fait du conseil en image, pour les femmes entrepreneures. Nous avons facilement cet a priori qu'être pro, c'est se conformer aux attentes des autres pour correspondre à l'image attendue par une certaine cible, dans un certain domaine.

Et si ça peut correspondre à un certain type de clientèle, ce ne sera certainement pas la clientèle de Flora.

Il suffit de lire 2 articles de son blog : *Pourquoi je porte des guenilles* et *2 infos pour ne pas se sentir déguisée* pour savoir à qui vous avez à faire, et si ce type d'approche vous intéresse ou non.

Si vous n'accrochez pas, passez votre chemin, vous trouverez chaussure à votre pied ailleurs, et c'est mieux pour tout le monde (zéro cynisme dans ce constat).

Être entendu dans un brouhaha permanent (sans hausser le ton)

Une des grosses difficultés de notre ère sociale, c'est d'être entendu dans le brouhaha permanent de la webosphère — il y a *beaucoup* de bruit en ligne.

Le e-commerce passant d'une orientation produit à une orientation client : ce n'est plus ce que vous vendez en soi (produits, services, expériences) qui vous permet de vous démarquer.

Un vrai soulagement si on y réfléchit bien : vous n'avez plus besoin de vous torturer l'esprit pour savoir comment parler encore et encore de ce que vous avez à vendre puisque ce n'est plus autour de ça que la conversation va désormais tourner !

La nouvelle économie vous permet d'être plus efficace avec 3 nouveaux leviers pour vous démarquer : vous, vos clients, et vos concurrents.

Le premier point-clef de différenciation que nous avons vu : vous !

Votre personnalité, vos points forts, votre parcours sont autant d'atomes crochus, de points de connexion avec vos lecteurs, vos clients.

Ils vont d'autant plus facilement adhérer à vos idées, à ce qui devient possible grâce à votre travail si vous avez des points communs. Savez-vous lesquels ?

Le web est entré dans l'ère de la connexion : vous ferez d'abord la différence en étant vous, soignez votre personal branding !

La bonne nouvelle : oui, c'est introspectif, mais ça ne vous demande aucun budget (à la différence de la pub !) et le résultat est inimitable : ce qui n'est pas le cas de votre travail hors contexte !

Le deuxième point-clef de différenciation, vos clients !

Les témoignages publiés sur vos pages de vente, les études de cas publiées sur votre blog en disent long sur ce qui devient possible grâce à vous, mais ils en disent aussi long sur qui sont vos clients.

Car ce que vous dites sur votre parcours, vos résultats, c'est bien, mais on peut croire que c'est plus facile pour vous... parce que vous êtes vous.

Votre lecteur peut donc croire que vous réussissez parce que vous avez des compétences, des capacités que lui, péquin lambda, n'aura jamais.

C'est comme ça que vous vous retrouvez sans le vouloir dans la position du leader inspirant... et décourageant à la fois !

Hélène Bonhomme a fondé les Fabuleuses. Quand elle est devenue mère de 2 enfants d'un coup, elle a traversé une période... sombre : l'inverse de la maternité bulle de bonheur à laquelle elle s'attendait !

Elle a fini par décider de s'appuyer sur ses difficultés, humour à la clef : un blog, un livre, et des séries de conférences plus tard, Hélène est devenue une mentor pour ses lectrices.

Une mentore décourageante parfois, comme elle l'a compris quand des femmes lui ont écrit se sentir inspirées par son histoire... mais paralysées par le doute de pouvoir elles aussi, en arriver là un jour.

La solution ? Montrer ses coulisses (rien de plus parlant que la photo d'une cuisine après une bataille avec 2 douzaines d'œufs — pour une fois que le silence régnait, c'était louche !) ET montrer comment ses clientes aussi ont réussi à reprendre les rênes de leur vie après le tourbillon qui a suivi l'arrivée de leurs enfants.

Entre vos concurrents et vous, vos clients sont un élément-clef de différenciation : quand vous mettez en avant le type de clients que vous préférez, leurs points communs au niveau de leur personnalité, de leurs valeurs, du stade où ils en sont dans votre domaine, vous faites passez un message différent de celui de votre collègue/concurrent.

Et ce n'est pas tout : vos clients ont des points communs avant d'acheter ce que vous faites — grâce à votre travail, ils en ont aussi après ! Autant de grain à moudre pour votre contenu !

> **>>> À vous :**
>
> - Qu'est-ce que vos clients potentiels se posent comme questions communes avant d'acheter ce que vous faites ?
> - D'après vous, ils se posent les bonnes questions ou pas ?
> - Si oui, vous avez au moins un sujet d'article (que vous illustrerez avec des références tirées de votre parcours, vos choix, vos clients pour éviter de produire un texte qui ressemble à ce qu'on a déjà lu 100 fois ailleurs !)
> - Si non : vous tenez aussi un sujet d'article dans lequel vous allez pouvoir renverser une de leurs idées reçues pour orienter vos clients dans la bonne direction

Important : donnez la parole à vos clients dans vos contenus. Ne pensez pas témoignages de satisfaction, pensez témoignages de *transformation*. Votre approche est désormais orientée client, pas produit — bravo !

Le troisième point-clef de différenciation, votre concurrence

Plutôt que de concurrence, parlons d'alternative. Votre parcours, vos expériences, vos points-forts nourrissent un certain point de vue dans votre domaine, quel est le vôtre ?

Dans la vente par exemple, il y a pas mal de coachs pour aider les entrepreneurs à vivre de leur passion. Je comprends tout à fait que ça plaise à certaines personnes : personnellement, ça me hérisse.

Je n'aime pas du tout travailler avec des clients qui arrivent vers moi dans cette optique-là (j'ai testé quand j'ai commencé) car la remise en question qui arrive avec mon travail est trop importante pour eux. C'est trop d'effort pour réussir à se comprendre, et personnellement, ça me barbe !

Alors j'oriente le contenu de mon blog pour que les personnes qui sont dans cette optique-là choisissent de se faire accompagner par quelqu'un d'autre.

Voilà ce qui devient possible pour vous : monter au créneau.

La quantité quotidienne de ce qui est publié a beau se développer chaque jour de manière exponentielle : c'est surtout du contenu pré-mâché/recraché.

Le contenu qui fait réfléchir, progresser, qui montre vraiment un point de vue, une personnalité, des vrais conseils... c'est rare. Et pourtant : vos lecteurs n'attendent que ça.

Le web vous offre une plate-forme d'expression personnelle, qui vous appartient entièrement : votre blog.

Servez-vous en pour dire ce que vous avez à dire, de votre point de vue à vous !

>>> Si vous avez du mal à le définir, voici un exercice très simple :

- Surfez 30 minutes sur la toile pour lire le type de contenu que trouvent vos lecteurs, dans votre domaine. Certains articles vont plairont (heureusement), d'autres vous feront bondir : lesquels ?

- Quels sont les conseils, les approches de votre domaine qui vous hérissent ? Notez-en 3 : tadaaa ! Vous avez un sujet d'article qui vous donne l'opportunité d'une critique constructive pour apporter une alternative, la vôtre !

Là aussi, dire vraiment ce qu'on pense, c'est s'exposer — donc s'exposer aux critiques, aux attaques. Ça fait partie du jeu, et quelque part on le sait, c'est pour ça qu'on hésite généralement à mettre les pieds dans le plat !

Pourtant je vous en conjure, faites-le : surtout pas polémiquer, c'est stérile, non plus pour prendre des concurrents à partie. Attaquez-vous à des idées, pas des personnes (tout le monde, y compris vous et moi, a le droit de se tromper).

Comme je vous le disais, « vivez de votre passion », c'est un encouragement qui me donne des boutons, j'ai donc écrit un article spécialement sur le sujet.

Quelque temps après, je suis tombée sur un article similaire, écrit par Christopher Lieberrher, de Speed Developement. Est-ce que c'est un problème ? Pas du tout !

J'ai été ravie de découvrir son coup de poing sur la table, de partager son article et de discuter avec lui : notre ressenti est le même, mais nos personnalités et nos parcours diffèrent. Le résultat est donc différent.

Heureusement, votre avis aussi sera partagé par d'autres : mais si chacun écrit à partir de sa personnalité, en rebondissant sur son parcours, en s'appuyant sur ses points forts, en développant un style d'expression qui lui est propre, pour le type de client qu'il préfère... le résultat de tout ça donne un article qui est différent de chez le voisin, même si le voisin est d'accord !

> *« Think different. »*
> *— Apple*

Pensez différent ne veut pas dire penser différemment :

Alliez vos 3 ingrédients (vous, vos clients, vos concurrents) et regardez la mayonnaise monter — le prix n'est plus un élément-clef de décision pour vos clients, souriez !

La différence se fait sur un autre plan que le prix !

Quand on voit qu'Internet est une table pour deux et que la transaction financière n'est plus l'axe principal de la relation commerciale, le prix n'est plus un élément-clef pour la prise de décision !

> *« Dans la mesure où il y aura toujours un concurrent plus agressif sur les prix, la différence devra se faire sur un autre plan. La transformation digitale devrait aider les entreprises à viser un objectif plus ambitieux : se démarquer en proposant une expérience différenciante. »*
> *— Fred Cavazza*

Vous connaissez la recette maintenant : vous + vos clients + vos concurrents, vous avez en main les éléments-clefs pour vous démarquer sans jouer sur les prix, et sans axer votre contenu sur votre travail !

Tirer parti de l'ère de la connexion, agir sur ces 3 leviers de différenciation est simple, mais pas facile au premier abord : **il y a 5 malentendus à lever pour y arriver.**

5 malentendus qui ont plombé le web 2.0 pour les entrepreneurs — et pour leurs clients.

Levons-les avant de voir comment vous y prendre efficacement en ligne !

Points-clefs et pistes d'action
Chapitre 8 — les nouveaux leviers de différenciation

Points-clefs :

- **La beauté du web, c'est qu'il rend possible la relation commerciale de Personne à Personne.** Et comme dans tout type de relation, on attend de vous que vous soyez vous, et surtout pas quelqu'un d'autre.

- **Le e-commerce passant d'une orientation produit à une orientation client :** ce n'est plus ce que vous vendez en soi (produits, services, expériences) qui vous permet de vous démarquer, mais une combinaison de 3 nouveaux leviers.

- **La nouvelle économie vous permet d'être plus efficace avec 3 nouveaux leviers pour vous démarquer :** vous, vos clients, et vos concurrents. Ce sont les 3 éléments-clefs à combiner pour vous démarquer sans jouer sur les prix, et sans faire tourner votre contenu autour de votre travail !

Pistes d'action :

- **1er levier de différenciation : vous !** Soignez votre personal branding. Portez une attention particulière aux chapitres 7 et 19.

- **2e levier de différenciation : vos clients.** Intégrez vos clients à votre contenu : pensez témoignages de transformation (axés sur le client) et non témoignages de satisfaction (axés sur votre travail/produit/service). Également, identifiez les questions communes à vos clients avant de travailler avec vous, d'acheter ce que vous faites. Demandez-vous : ils se posent les bonnes questions ou pas ? Dans les 2 cas, cela vous donne des idées d'articles à illustrer avec votre parcours, vos choix, vos clients...

- **Capitalisez sur votre concurrence pour monter votre point de vue au créneau :** surfez 30 minutes sur la toile pour lire le contenu lu par vos lecteurs. Dégagez 3 idées qui vous hérissent pour une critique constructive apportant une alternative, la vôtre ! Et 3 idées qui vous plaisent, à citer, développer, compléter pour mettre en avant votre point de vue.

Agir sur ces 3 leviers de différenciation est simple, mais pas facile au premier abord : **il y a 5 malentendus à lever pour y arriver !**

Pour recevoir gratuitement les mises à jour et bonus actuels et à venir du livre, rendez-vous sur http://selmapaiva.com/lesbonusdulivre !

PARTIE TROIS

Les 5 malentendus

qui ont plombé

le web 2.0

On peut être convaincu qu'Internet est une table pour deux, fin prêt à utiliser son contenu pour faire partie de la nouvelle économie... mais être bloqué malgré soi dans un schéma, une stratégie, une com traditionnelle.

Il y a quelque temps, j'ai reçu un message d'une cliente qui est coach pour managers et dirigeants. Elle me faisait suivre le mail reçu de la part d'une entreprise française, leader dans le domaine de l'emailing : c'est le dirigeant qui envoie le mail, pour l'atelier VIP qu'il a préparé.

Voici un extrait de la réaction de ma cliente :

« Je t'envoie ci-dessous un mail de relance que je viens de recevoir et qui m'a carrément rebutée à la 1ère lecture. L'appel à l'action se fait bien sentir. Je l'ai perçu agressif alors que l'événement en soi est sympa. Je prends ce mail comme modèle à éviter à mes yeux.

J'étais déjà hésitante pour *Nomdelaboîte*. Ce mail ne me donne pas envie alors que le mastermind est sympa. Dommage ! D'autant que la raison éthique évoquée, je n'y crois pas une seconde. »

L'abîme entre client et vendeur

Là on voit bien l'abîme entre client et vendeur : la cliente a besoin de ce type de service, elle est intéressée par cette entreprise. De l'autre côté, le vendeur veut lui rendre service, il prépare des ateliers VIP pour l'accompagner dans la maîtrise du produit qu'il propose. Et ça tombe à plat.

Pire, cette cliente est définitivement perdue pour lui : elle a ressenti des émotions négatives à la lecture du mail, et forcément, elle en parle autour d'elle.

La maladresse

Ce mail a été perçu comme agressif, car il commençait en sommant le destinataire de *« donner les raisons de son absence »* à un atelier auquel il n'est pas encore inscrit vu qu'on avait *« vérifié et pas trouvé de place à son nom »*.

Sérieusement ? Est-ce que dans la « vraie vie », quand vous organisez un événement, vous allez relancer vos invités en les forçant à se justifier s'ils ne peuvent pas venir ? Pour leur dire après *« Votre place est encore disponible, donc acceptez cela et réservez-la ! »*

Bref, beaucoup de maladresse.

Pourquoi ?

Pourquoi est-ce qu'un entrepreneur passionné par son produit, qui veut vraiment rendre service à ses clients, un entrepreneur sûrement original, bien intentionné s'y prend si mal ?

Bien sûr, nous ne sommes pas là pour lui jeter la pierre.

Son exemple est intéressant car il montre que ce n'est pas évident de passer de la théorie à la pratique : les 5 malentendus qui ont plombé le web 2.0 pour les entreprises sont toujours dans les habitudes.

Faire autrement implique d'abord de **les repérer !**

9.

Le malentendu qui pèse sur le concept de marché et de cible

Je me souviens d'un client qui déplorait l'inefficacité de ses tunnels de vente et des mails qu'il envoyait.

Des mails purement informationnels, qui viennent de la part du nom du site, avec zéro approche personnelle dedans : les lecteurs ne savent pas qui écrit.

Même si le contenu est bon, l'expérience pour le client ressemble trop à recevoir un prospectus dans sa boîte aux lettres.

En discutant de la nécessité de personnaliser la com de sa boîte, d'infuser le contenu publié de sa personnalité, il me dit « *Je comprends très bien l'idée, et ça me plaît. Ça marche très bien quand on est consultant ou formateur comme toi, mais moi ma cible est beaucoup plus large : on touche potentiellement X millions de personnes en France. Je ne peux pas mettre ma personnalité dans mon contenu.* »

Place au grand malentendu qui pèse sur la notion de marché et de cible : le nombre.

En tant que personne, que je fasse partie pour mon dentiste d'une cible de 500 personnes ou pour Orange d'une cible de 30 millions de personnes — qu'est-ce que ça change ? Rien.

Je suis toujours le même individu qui se méfie des messages commerciaux, supporte de moins en moins la pub sur Internet, dans ses mails, sa boîte aux lettres, ses SMS, ses magazines, et les murs de sa ville.

Je suis un individu : j'ouvre votre mail en tant qu'individu, et si de votre point de vue je fais partie d'une cible de 50 ou 50 millions de personnes, ça ne change absolument rien pour moi.

Votre message doit attirer mon attention à moi, parce que c'est moi qui vais cliquer sur votre lien, répondre à votre mail, vous envoyer un commentaire, partager sur Facebook, Twitter ou LinkedIn.

Voir ses clients comme un marché, comme un tout, des nombres, des caractéristiques démographiques, ça donne un message qui tombe à plat parce qu'en s'adressant à un groupe, on tombe dans la généralisation et que le message qui en découle ne peut qu'être maladroit.

Comment surmonter ce malentendu ? Très bonne question !

> **>>> Quand vous écrivez :**
>
> - Notez sur un post-it mental ou papier (au début ça marche mieux si on l'a vraiment sous les yeux !) avec le nom de LA personne qui est celle avec qui vous préférez travailler, ou avez envie de travailler.
> - Écrivez lui à lui ou elle, sinon vous ne serez crédible pour personne : tutoyer ou vouvoyer n'a aucune importance, choisissez ce qui vous correspond le mieux.

Il y a belle lurette que je suis passée au tutoiement sur mon blog, car mes lecteurs et clients me tutoyaient de toute façon. Je n'ose pas vous tutoyer dans ce livre, mais si vous m'envoyez un mail, vous pouvez me dire tu, je préfère !

Bref : si vous vouvoyez, faites-le au singulier, vous n'écrivez pas à un groupe, c'est une seule personne qui est de l'autre côté de l'écran, pas un troupeau !

Ce qui nous amène au 2e malentendu : celui qui pèse sur **le concept de client idéal.**

Points-clefs et pistes d'action
Chapitre 9 – Le malentendu qui pèse sur les marchés et cibles

Points-clefs :

- **On peut être convaincu qu'Internet est une table pour deux,** on peut être fin prêt à utiliser son contenu pour faire partie de la nouvelle économie... mais être bloqué malgré soi par les habitudes héritées de la communication de masse.

- **Si on continue à voir ses clients comme un marché, un tout, des nombres :** on s'adresse à un groupe quand on communique. Du coup, on bascule dans la généralisation, on produit des contenus qui tombent à plat.

- **Or pour un lecteur, un client potentiel,** ça ne change rien qu'un article soit destiné à être lu par 50 ou 50 000 personnes. Chacun-e reste seul-e devant son écran, et dans sa tête. C'est individuellement que chacun vous lit : Internet est une table pour deux.

Pistes d'action :

- **Quand vous écrivez,** quand vous préparez vos publications : notez mentalement ou sur post-it le nom de la personne à qui vous vous adressez, et écrivez-lui à lui ou elle.

- **Tutoyez ou vouvoyez** selon ce qui vous correspond le mieux, mais si vous utilisez le vous, faites-le **au singulier,** votre interlocuteur est seul devant son écran, il n'est pas avec un groupe !

Pour recevoir gratuitement les mises à jour et bonus actuels et à venir du livre, rendez-vous sur http://selmapaiva.com/lesbonusdulivre !

10.

Le malentendu qui pèse sur le concept de client idéal

Ah, le client idéal !

Quand on réalise qu'on ne peut pas comprendre ses clients en les envisageant comme un marché, on cherche, pour mieux les cibler, à décrire le profil de son client idéal.

Le problème de cette approche est qu'elle s'apparente au jeu des devinettes : on se base sur des suppositions.

Et c'est là que le bât blesse : on ne peut pas construire une démarche commerciale solide sur des suppositions, des a priori, des sables mouvants. Ni sur des mensonges.

Des mensonges ? Oui, car vos clients vous mentent. Pas intentionnellement bien sûr, c'est le contexte qui les y amène. Car quand on a compris l'intérêt de connaître ses clients sur le bout des doigts, qu'est-ce qu'on fait ?

On prépare un sondage, une étude de marché — ce qui pose plusieurs problèmes.

1ᵉʳ problème : il est communément admis de mentir aux sondages.

C'est une « entité » qui pose les questions sûrement pour faire plus de profit sans se soucier davantage de ses clients… face aux questions « du grand capital », on peut bien répondre à côté ! Un bémol cela dit : si on vous connaît déjà très bien en tant que personne via votre blog, on aura envie d'être honnête et de vous aider avec nos réponses, même via un sondage.

2ᵉ problème : un sondage n'est pas interactif.

Vous ne pouvez pas rebondir, inviter votre interlocuteur à creuser en fonction d'un élément qui vous a mis la puce à l'oreille… les retours sont donc plutôt superficiels, à prendre avec des pincettes.

3ᵉ problème : c'est difficile pour nous de lire entre les lignes, de remarquer des détails importants quand nous ne sommes pas en relation avec l'autre. Quand nous sommes plongés dans une base de données, c'est notre côté analytique et mécanique qui prend le dessus, au détriment de l'empathie et de l'efficacité.

Le Dr Turner du Centre médical Shaare Zedek de Jérusalem est radiologue : il sait ce que c'est de passer la journée à observer des clichés, des données sans être en contact avec les personnes concernées.

Il prend alors l'initiative de rajouter une photo au dossier des patients lors de la lecture de leur radio par le médecin. Ses collègues apprécient un travail qui devient plus humain : ils se sentent même mieux en tant que médecins.

3 mois plus tard, les mêmes radios sont soumises aux mêmes spécialistes (qui ne peuvent pas les reconnaître, car ils ne sont pas au courant de l'étude, et voient passer des dizaines de clichés par jour).

Cette fois, pas de photo du patient jointe au cliché : 80 % des problèmes « collatéraux » ne sont pas détectés.

De votre côté, c'est aussi à côté de l'essentiel des informations que vous passez si vous étudiez vos clients à travers des données chiffrées, récoltées à la chaîne.

> *« Les statistiques et les sondages*
> *sont des compléments et non des substituts*
> *à l'échange direct. »*
> *— Steve Blank*

Avoir un « client idéal », ce n'est pas inventer un client qui n'existe pas ! C'est trouver de vraies personnes, qui sont vraiment celles que vous voulez idéalement avoir comme clients : **trouvez-en 5, et invitez les individuellement à discuter autour d'un café.**

> **>>> C'est à vous, listez des questions à poser pour savoir :**

- Qu'est-ce que vos clients potentiels savent déjà, dans votre domaine ?

- Quelles compétences, quelles attitudes est-ce qu'ils ont déjà acquises ? Qu'est-ce qu'ils font déjà bien ?

- Qu'est-ce qui leur pose problème ? Y a–t-il des attitudes, des compétences, des éléments qu'ils connaissent en théorie mais qu'ils n'arrivent pas à appliquer ? Des obstacles, des erreurs qu'ils ne voient pas ?

- Compte tenu de tout ça : qu'est-ce qu'ils ont déjà essayé et/ou réussi à mettre en place ? Comment est-ce qu'ils se sentent ? Qu'est-ce qui leur fait envie ?

- Faites le tri pour ne poser que les meilleures questions et... taisez-vous !

- Mettez-vous en position d'écoute active au moins 80 % du temps, parlez pour inciter à creuser, prenez des notes (ou enregistrez la conversation)

- Quand vous avez entre 5 à 10 retours : compilez les réponses, puis analysez-les. (des conseils chapitre 14 !)

*« Les vrais humains ne se comportent pas comme le consommateur dans la moyenne statistique.
Conséquences ?
Nous développons, nous améliorons des produits qui ne répondent pas aux vrais besoins des clients. »*
— Marketing Malpractice
(Clayton Christensen, Scott Cook, Taddy Hall)

Moralité ? Pour développer efficacement un produit, développer efficacement un message de vente, vous avez besoin de connaître votre client mieux qu'il ne se connaît lui-même.

Internet est une table pour deux, c'est une vraie personne que vous avez en face.

Les entretiens individuels ne sont pas le seul outil à votre disposition pour connaître votre cible sur le bon des doigts : vous avez aussi **les réseaux sociaux.**

Points-clefs et pistes d'action
Chapitre 10 – Le malentendu qui pèse sur les clients idéaux

Points-clefs :

- **Sondages, études de marchés sont des sources d'informations à prendre avec des pincettes.** En effet, ils apportent des informations parfois erronées, souvent biaisées, au mieux incomplètes. Ils ne peuvent en aucun cas remplacer des échanges à 2, en tête à tête.

Pistes d'action :

- **Trouvez 5 personnes** qui sont vraiment des clients idéaux pour vous ;
- **Prenez rendez-vous** pour les inviter individuellement à discuter autour d'un café ou sur Skype ;
- **Listez les questions** à leur poser en reprenant les recommandations de ce chapitre ;
- **Compilez, analysez** les informations récoltées en suivant les recommandations du chapitre 14.

Pour recevoir gratuitement les mises à jour et bonus actuels et à venir du livre, rendez-vous sur http://selmapaiva.com/lesbonusdulivre !

11.

Le malentendu qui pèse
sur les réseaux sociaux

Let's network ! Choblab.com

De la même manière que « *quand nous ne sommes pas occupés à être une cible commerciale, nous sommes des personnes* », aucun de nous n'est sur les réseaux sociaux pour acheter !

Si le Web a miraculeusement fait tomber les frontières géographiques, facilité les échanges, créé des possibilités d'interaction qu'on n'aurait pas imaginées il y a 10 ans... Les réseaux sociaux existaient bien avant Internet et restent avant tout des réseaux... *sociaux*.

Ils ne sont pas là pour permettre aux marques, aux entrepreneurs, aux entreprises de promouvoir leurs produits et services.

Est-ce que ça veut dire qu'on ne devrait pas en parler ?

Mais si, bien sûr ! Dans une moindre mesure cependant, et surtout avec une autre approche : les réseaux sociaux ne sont pas des mégaphones à disposition des vendeurs !

Certes, les possibilités de publicité offertes par Facebook par exemple permettent de cibler précisément son audience, au point qu'on peut les diffuser uniquement à des personnes qui ont visité une certaine page de notre site web, ou qui sont sur notre liste d'abonnés. Mais ce n'est pas tout.

« Trop d'entreprises n'utilisent encore les réseaux sociaux que dans l'optique du marketing, ou celle du service client. C'est soit "Aimez-nous sur Facebook", soit "Nous sommes désolés du problème que vous rencontrez" — rares sont ceux qui ont compris qu'ils pouvaient utiliser le social comme un stéthoscope pour écouter le cœur de leur marché. »
— Nilofer Merchant

Un stéthoscope : voilà une image qui correspond bien mieux aux réseaux sociaux qu'un haut-parleur !

Les utiliser pour observer, écouter, mais aussi prendre du recul : *« De quelle conversation est-ce que votre activité fait partie ? »* demande Tara Gentile.

*« Aujourd'hui, il est sûr qu'une conversation relative
à votre domaine a lieu sur Twitter.
Est-ce que vous en faites partie ? »*
— The Next Web

C'est à dire : est-ce qu'on parle de vous dans cette conversation ? Est-ce que vous y participez ?

Déterminer la conversation dont vous faites partie en ligne vous permet d'écouter ce qui se dit pour comprendre vos clients potentiels — ce qui leur pose problème, ce qui leur fait envie, ce qui les bloque, et *pourquoi*.

Cela vous permet aussi de trouver qui sont les autres voix dans cette conversation : celles de vos concurrents et partenaires potentiels — éléments-clefs pour réussir votre positionnement et vous démarquer.

*« Se lancer sur les médias sociaux commence par
l'écoute pour identifier où ont lieu les conversations
au sujet d'une marque et d'une thématique. »*
— Isabelle Matthieu

Maintenant, imaginons Twitter comme un grand cocktail : tout le monde est là, à discuter, un verre à la main, et il y a beaucoup, *beaucoup* de gens.

Avez-vous envie d'être la personne qui n'arrête pas de parler, d'elle en plus, et dont on ne sait pas comment se débarrasser poliment ? Non bien sûr !

>>> **À vous :** plutôt que de penser à cette plate-forme comme un outil de diffusion, voyez-là comme un outil d'écoute :

- Qui sont vos clients préférés ? Suivez-les, puis mettez-les sur une liste afin de pouvoir les retrouver plus facilement.

- Quels sont les autres acteurs, les autres personnes qui participent à la conversation : collègues, concurrents sympathiques ? Partenaires, sites, blogs, magazines — directement sur votre thématique, et sur les thématiques complémentaires à la vôtre ? Suivez-les, puis mettez-les sur des listes pour filtrer leur voix dans le brouhaha ambiant.

Prenons l'exemple de Camille Sauvaget, qui utilise la réflexologie et la respiration consciente pour accompagner ses clients au niveau de la parentalité positive, des relations de couple et de l'épanouissement au travail.

Camille peut commencer par une liste Twitter qui regroupe ses clients réels, et la compléter au fur et à mesure avec des personnes qui leur ressemblent. Elle va consulter cette liste de clients régulièrement, et noter tout ce qui va lui permettre de bien comprendre leur contexte, leur environnement, leurs circonstances dans la vie de tous les jours.

Elle peut faire une deuxième liste avec les magazines, les blogs suivis par ses clients pour comprendre le *pourquoi* de leurs pensées. Se mettre à la respiration consciente, fait généralement partie d'une démarche plus vaste : laquelle ? Le bien-être.

La conversation dans laquelle on va mentionner Camille, c'est la conversation qui tourne autour du bien-être : et les personnes qui participent à cette conversation discutent aussi d'alimentation, de nouvelles recettes, de méditation, de sport...

Pourquoi c'est important pour Camille ? Parce que comme chaque entrepreneur, elle a besoin de connaître ses clients sur le bout des doigts pour développer son offre, mettre au point son message, sa stratégie de contenu.

Savoir de quelle conversation son travail fait partie, les sujets abordés, les autres voix dans ces échanges lui permet de changer de perspective : au lieu de rester concentrée sur son approche, elle prend du recul pour voir les choses du point de vue de ses clients.

« Le marketing de contenu est l'un des socles d'une stratégie en médias sociaux. Il devient urgent de déterminer une ligne éditoriale percutante, avec du contenu pertinent pour votre audience, qui permet de vous différencier de vos concurrents. »
— Isabelle Matthieu

La dernière fois que vous avez tendu l'oreille virtuelle, ce qui a retenu votre attention correspondait justement à quelque chose qui vous trottait dans la tête.

Utiliser le web pour écouter vous permet de réunir les informations dont vous avez besoin pour un contenu orienté client : il fait écho à la conversation qui a déjà lieu dans sa tête à lui, du coup vous pouvez amener vos idées de sorte que votre interlocuteur se sente concerné !

Au fait : si vous voulez apprendre à utiliser Facebook pour apprendre à lire dans les pensées de vos clients, je vous recommande les excellents conseils de Stan Leloup.

Le malentendu qui pèse sur les réseaux sociaux s'étend à un domaine plus vaste : **le marketing dans son ensemble.**

Points-clefs et pistes d'action
Chapitre 11 – Le malentendu qui pèse sur les réseaux sociaux

Points-clefs :

- Les réseaux sociaux ne sont pas des mégaphones à disposition des vendeurs : à la base, personne ne va sur les réseaux sociaux pour acheter !
- **Voir le web comme un stéthoscope** permet d'utiliser les réseaux pour observer, écouter les clients qu'on veut servir. Et réunir les informations nécessaires pour préparer une offre et un contenu orientés clients.

Pistes d'action :

- **Déterminez de quelle conversation vous faites partie en ligne :** suivez vos clients ou clients potentiels préférés ainsi que vos collègues et concurrents sympathiques. Mettez-les sur des listes pour filtrer leurs voix dans le brouhaha de la conversation ambiante.

Pour recevoir gratuitement les mises à jour et bonus actuels et à venir du livre, rendez-vous sur http://selmapaiva.com/lesbonusdulivre !

12.

Le malentendu qui pèse sur la notion de marketing

« Les 4 P ne sont plus pertinents. »
— Fred Cavazza

Traditionnellement, un marketing réussi dépendait d'un « mix » entre les « 4 P » : Produit (caractéristiques), Prix (combien), Place (lieux de vente), Promotion. *Pouah !*

Ça ne fonctionne plus : être visible ne peut plus rimer avec haut-parleur, les lieux de vente peuvent être éphémères et virtuels, les prix flottants, les internautes saturés de publicités.

« La communication ne se substitue pas au produit et n'est pas la vaseline qui permet de faire passer un produit raté ou un service déplorable. »
— Manuel Diaz

Oui ! Je dirai même plus : communiquer avec ses clients dès le début permet de les intégrer au processus créatif du produit, pour qu'il soit encore meilleur.

C'est la notion même de marketing qui change : le marketing, ce n'est pas l'étape qui prend le relais, une fois le produit terminé ! Ce n'est pas l'emballage qui va faire passer la pilule, toute réussie qu'elle soit !

Il y a trois P qui se dégagent de cette nouvelle donne :

- le P de personnes ;
- le P de promesses ;
- et le P de pourquoi.

Le P de personnes

Heureusement, ce n'est plus le produit qui est au cœur aujourd'hui : on part du client et de ses besoins au lieu de le considérer comme le dernier maillon de la chaîne de valeurs.

Avant d'investir des mois et des milliers d'euros dans un produit parfait pour communiquer dessus après, on va échanger avec ses clients dès le début pour leur présenter une version minimale qu'on améliorera au fur et à mesure.

Le P de promesses

Les promesses d'aujourd'hui et de demain ne tournent plus autour des qualités de votre produit (on va partir du principe que votre produit est de qualité, et que c'est pour ça que vous êtes là !).

« Je vois encore beaucoup trop d'annonceurs annoncer fièrement que chez eux les produits sont au top, de même que le service et les prix.

En gros, tout le monde est n° 1 sur son créneau. »
— Fred Cavazza

Les promesses valables sont liées à une vision partagée : ce qui devient possible pour votre client, grâce à vous.

>>> À vous justement :

- Est-ce que votre client-e devient un manager moins autoritaire, plus écouté ? Un parent plus patient ? Un conjoint plus attentionné ? Un élève mieux noté ? Un entrepreneur plus serein ? Un sportif plus performant ? Une personne plus élégante ?
- Et du coup, quel est l'impact de ces « plus » sur les relations qui comptent pour lui ? Sur l'image qu'il/elle a de lui-même ? Sur ce qu'il/elle ressent ? Devient capable de vivre ?

Là est votre promesse.

Le P de pourquoi

« Les gens s'intéressent plus à leurs besoins
qu'à nos marques. »
— Viuz

Voulez-vous être l'expérience qu'on regrette le lendemain, façon matin qui suit une soirée trop arrosée ?

J'espère que vous avez mentalement répondu non !

Donner envie d'acheter pour les bonnes raisons ne joue pas sur le fameux sentiment d'urgence.

Je sens pointer ici le malentendu : bien sûr qu'il y a généralement des urgences organiques, naturelles, et que c'est toujours positif de donner une raison au client potentiel d'agir maintenant car nous avons tous tendance à remettre à plus tard, même concernant ce dont nous avons besoin et envie !

Les dates limites, les quantités limitées, les réductions temporaires : tout ça aide à ne pas remettre à plus tard. Mais ce n'est pas ça qui aide à se décider sur le choix d'un produit, d'un service ou d'une expérience dans de bonnes conditions.

Vous avez besoin de savoir pourquoi vos clients ont besoin de ce que vous faites. De leur point de vue à eux.

Parce que si vous ne le voyez pas, vous ne pourrez pas faire passer le message : ils ne le verront pas non plus.

Et les raisons pour lesquelles ils en ont besoin n'ont rien à voir avec vous, ni avec votre produit.

Un produit, un service dont la perspective d'achat fait sens pour le client, c'est un produit/service dont le message fait écho :

- à son quotidien ;
- à ce qui lui pose problème ;
- à ce qui lui fait envie...

... tout en lui permettant de se projeter dans le changement au niveau :

- de son contexte ;
- des relations qui comptent pour lui ;
- de l'image qu'il a de lui-même ;
- des résultats au niveau de son apparence, de sa vie professionnelle, spirituelle, amoureuse, sociale... selon le domaine dans lequel vous travaillez !

>>> **Mini-étude de cas :** vous vous souvenez de Lyvia, qui a fondé Je me casse, puis Lyvia Débloque ?

Lyvia avait un programme phare, *Des idées à tout casser,* via lequel elle a accompagné des centaines de clients qui souhaitaient se casser mais qui avaient besoin d'aide pour trouver la bonne idée.

Elle s'est ensuite rendue compte que beaucoup, une fois qu'ils avaient trouvé leur idée, avaient du mal à développer leur activité. Certes, ses clients comme nous tous avaient besoin de se former au niveau de la vente et du marketing, mais c'est un autre point qui a attiré l'attention de Lyvia — un point particulièrement intéressant compte tenu de ses points forts à elle : l'état d'esprit.

De là est née l'idée d'un nouveau programme : l'Académie des Possibles.

Principal problème : les entrepreneurs déjà avancés dans leur activité ont déjà remarqué le lien entre leur état d'esprit et leurs résultats tous azimuts.

Mais ce n'est pas le cas de son audience, qui débute : quand on commence, on pense que la solution est à l'intersection de la visibilité (*si seulement j'avais plus de trafic !*), de la technologie (*j'ai d'abord besoin de maîtriser WordPress, Mailchimp, le Power Editor de Facebook*) et des techniques marketing (*de vente, de persuasion, de conversion*).

Consacrer du temps et de l'énergie à son état d'esprit ? Mais pourquoi ?

Et bien justement : *pourquoi*, là était le principal défi de Lyvia, utiliser son contenu pour amener son audience à voir la connexion entre le travail sur l'état d'esprit et les résultats attendus au niveau de l'activité.

Ne pas formuler ce « pourquoi » aurait empêché une bonne partie de ses lecteurs d'envisager l'Académie des Possibles parce qu'ils n'en auraient pas compris l'utilité.

Et même ceux qui se seraient inscrits, portés par le charisme et l'enthousiasme de Lyvia auraient moins de chances d'y arriver car ils ne seraient pas portés par une motivation interne.

La première étape était donc de renverser un a priori tenace : *« J'ai besoin d'être plus calé pour y arriver mieux »*.

C'est là que le Pourquoi nourrit la Promesse : qu'est-ce que le mental va changer dans leur vie de tous les jours ?

Travailler sur son état d'esprit permet :

- **d'être plus efficace** (au lieu de laisser le doute et la peur ronger son énergie) ;
- **d'être plus entreprenant** (au lieu de laisser le gardien de notre zone de confort nous dissuader de contacter telle personne, envoyer tel mail, pitcher telle idée – on le fait) ;
- **de sortir de la solitude** (échanger avec des collègues bienveillants permet d'affiner ses idées, de booster sa motivation au lieu de ronger son frein en solo)

et conséquence de tout ça :

- **de développer son activité** plus facilement, avec de meilleurs résultats, et moins de stress.

Voilà pourquoi les entrepreneurs débutants devraient suivre l'Académie des Possibles : pour des raisons qui leur appartiennent, indépendamment de la qualité du travail de Lyvia.

C'est en analysant les points communs des lecteurs préférés de Lyvia que nous avons pu utiliser son parcours et ses points forts à elle pour les guider, un article après l'autre, et les transformer en clients potentiels pour son programme.

Vendre, ce n'est pas dire « Nous sommes les meilleurs », ni « C'est moins cher ici qu'en face », mais : « C'est différent ».

Et surtout : voilà ce qui devient différent *pour vous,* voilà ce qui va *changer pour vous.*

> *« Prends ton passeport, on va dîner. »*
> *- Picard*

Quoi que vous vous fassiez, quoi que vous vendiez, votre message peut combiner les 3 P de Personnes, Pourquoi et Promesse.

Il y a un Picard près de chez moi, et je m'arrête régulièrement devant pour photographier leurs affiches, car ils ont très bien compris comment utiliser les 3 P pour donner envie d'acheter !

Picard sait qu'il est le numéro 1 des surgelés, que tout le monde manque de temps pour cuisiner, mais plutôt que d'écrire « *8 bouchées de poulet façon Thaï prêtes en 2 min au micro-ondes, pour 5,99, pendant 48 h* », ils nous disent « *Décollez en une seule bouchée* » et « *Prends ton passeport, on va dîner* ».

Le cœur du message ici, c'est le bon moment que nous passons à table devant un petit plat exotique, escapade entre parenthèses du train-train quotidien et de la grisaille, quand les vacances sont encore loin.

Vous avez compris : à l'heure de la connexion, communiquer, c'est traduire votre idée en langage client. La faire vivre dans son contexte à lui.

En plus des malentendus qui pèsent sur le concept de marché, de client idéal, ou sur les réseaux sociaux : c'est un malentendu plus vaste encore qui pèse sur **le web en général — finissons-en !**

Points-clefs et pistes d'action
Chapitre 12 – Le malentendu qui pèse sur le marketing

Points-clefs :

- Traditionnellement, un marketing réussi dépendait d'un « mix » entre les « 4 P » : Produit (caractéristiques), Prix (combien), Place (lieux de vente), Promotion.

- **Aujourd'hui, c'est la notion même de marketing qui change :** le marketing, ce n'est pas l'étape qui prend le relais, une fois le produit terminé !

- Il y a 3 nouveaux P qui se dégagent de cette nouvelle donne : le P de personnes, de promesses et de pourquoi.

Pistes d'action :

- **Pour le P de personne :** Partez de votre client et de ses besoins pour lui présenter une version minimale de votre produit/service, puis améliorez-la au fur et à mesure.

- **Pour le P de promesse :** Formulez les promesses de votre travail en langage client : ce qui devient possible pour votre client, grâce à vous, l'impact de votre travail sur les relations qui comptent pour lui, sur l'image qu'il/elle a de lui-même, sur ce qu'il/elle ressent, sur ce qu'il devient capable de vivre, de faire.

- **Pour le P de pourquoi :** Pourquoi est-ce que votre client a besoin de ce que vous faites ? Écrivez pourquoi en faisant écho à son quotidien, à ce qui lui pose problème, à ce qui lui fait envie.

Pour recevoir gratuitement les mises à jour et bonus actuels et à venir du livre, rendez-vous sur http://selmapaiva.com/lesbonusdulivre !

13.

Le malentendu qui pèse sur le web

« Marketing, référencement, présence sociale, outils
de CRM, de tracking, datas et tableaux, tout cela,
c'est bien beau, mais nous parlons ici d'outils.
De simples outils. Où se trouve donc l'humain ? »
— *Stéphane Briot*

Pour finir, nous pourrions résumer que le principal malentendu est celui qui pèse sur le Web quand on ne le voit que comme une trousse à outils promotionnels. C'était déjà le malentendu qui pesait sur les réseaux sociaux : il gangrène la vision du web dans son ensemble !

Internet est votre laboratoire

Aujourd'hui, je vous invite à voir Internet comme votre laboratoire : les magazines en ligne, les blogs, les forums, les groupes privés, les plates-formes de vente, les moteurs de recherche sont autant d'écosystèmes vivants où vos clients échangent indépendamment de vous... et vous y avez accès !

Ce qui veut dire que ce qui se passe dans les vies et les têtes de vos clients est à portée de clics : **passionnez-vous pour eux !**

« Aimez assez vos clients pour vous soucier de leurs problèmes et de leurs difficultés les plus profondes. »
— Marcelle Della Faille

Laissez tomber les sondages, oubliez un instant les statistiques : devenez sociologue, devenez détective, imaginez que vous êtes écrivain et retroussez vos manches.

« Le job ? Être humain. »
— Jean-Philippe Touzeau

Votre job est d'abord d'écouter, d'observer ce qui se passe dans la vie de vos clients, indépendamment de vous. Quand vous savez ça, vous pouvez opter pour une nouvelle approche, et nous allons maintenant voir laquelle et comment vous y prendre pour :

- Écouter efficacement ;
- Choisir les offres à développer, améliorer l'existant ;
- Développer votre réseau ;
- Réussir votre stratégie de contenu : avoir plus d'impact avec vos publications, c'est-à-dire voir le résultat de vos articles et de vos mails sur vos ventes.

Place au mode d'emploi du nouveau web !

Points-clefs et pistes d'action
Chapitre 13 – Le malentendu qui pèse sur le web

Points-clefs :

- **Le principal malentendu** est celui qui pèse sur le Web quand on le voit comme une trousse à outils promotionnels.
- Le web est un outil formidable pour **écouter** vos clients potentiels, les **observer,** puis les **contacter** pour poursuivre la conversation en tête à tête.

Pistes d'action :

- **Passionnez-vous pour vos clients !** Oubliez un instant que vous avez quelque chose à vendre : devenez détective, sociologue, chercheur.
- **Bloquez un créneau dans les prochaines 48 heures pour utiliser le web façon stéthoscope.** Votre objectif ? Écouter vos clients et clients potentiels : trouver qui écouter et où (sur quels réseaux, sites, forums...), puis compiler ces données, les analyser (nous allons voir comment procéder pour ces derniers points dans le chapitre suivant !)

Pour recevoir gratuitement les mises à jour et bonus actuels et à venir du livre, rendez-vous sur http://selmapaiva.com/lesbonusdulivre !

PARTIE QUATRE

Nouveau web,

nouveau mode d'emploi

*« D'après l'étude réalisée par Cintell
71 % des entreprises qui dépassent
leurs objectifs d'affaires ont effectué une recherche
poussée sur leurs clients potentiels. »
— Teddy Ngou Milama, sur W&C*

14.

Utiliser le web comme un stéthoscope ? Imaginez que vous n'avez rien à vendre !

Imaginez que vous n'avez rien à vendre : vous êtes écrivain ou scénariste, et vous avez un court métrage à réaliser, une nouvelle à écrire.

Seulement voilà : de la même manière que Zola, avant ses recherches pour écrire Germinal, ne connaissait pas grand-chose aux mineurs, vous ne connaissez rien non plus à votre personnage principal. Impossible de deviner : si des études ont été réalisées dans le domaine, vous allez les lire mais bon, ça reste des données qui ne peuvent vous donner qu'une vision incomplète. Pour que votre livre ou votre film mette en scène des personnages plus vrais que nature, vous avez besoin d'échanger avec des gens qui *sont* comme ça, dans leur quotidien.

Alors faites comme Zola, en moins éprouvant (vive Internet !) : vous allez descendre à la mine, et vous allez observer les mineurs, pour prendre des notes, prises à partir de vrais échanges, de vraies personnes, dans leur vraie vie à eux.

Des notes détaillées car le résultat doit vous permettre de décrire un personnage criant de vérité : Étienne Lantier n'a pas existé dans l'état civil français. Mais il représente des milliers de mineurs comme lui car Zola l'a créé à partir de vrais gens. Vous allez faire pareil.

Un autre exemple : Vic, de La Boum, vous vous souvenez ? Ce film a fait un vrai carton en France, et dans toute l'Europe : pourquoi ? Parce que pour les Français, Claude Pinoteau a réussi à capturer l'essence d'une adolescence hexagonale.

Vic n'a pas existé à l'état civil, mais elle représentait des milliers d'adolescentes. Et si La Boum a si bien marché hors de France également (le film fait plus d'entrées la première année que l'Empire contre-attaque, en Italie il devance même E.T !), c'est que Vic représentait aussi l'adolescence rêvée de tous ceux qui n'avaient pas accès à la même liberté.

Gardez en tête cet élément, c'est important : quand vous utilisez votre contenu pour faire miroir avec un type précis de clients — vos clients préférés — vous ne vous aliénez pas tous ceux qui ne leur ressemblent pas comme deux gouttes d'eau car vous touchez *aussi* les personnes qui veulent leur ressembler.

« On peut viser une niche et vendre en masse.
Les pubs pour l'iPod ne montrent pas des cinquantenaires qui dansent.
On y voit des jeunes qui ont la vingt ou trentaine, et qui sont minces et branchés. Vu qu'à peu près tout le monde a envie de se sentir mince et branché, tout le monde achète des iPods.
Les personnes que vous décrivez dans votre communication ne sont pas forcément les seules qui vont acheter vos produits — ce sont plutôt les personnes à qui vos clients veulent s'identifier ou ressembler.
Votre cible n'est pas votre marché. Personne n'aime les messages fades, donc ne diluez pas ce que vous avez à dire pour plaire à plus de monde, ça finira par n'attirer personne. »
— Tim Ferriss, La semaine de 4 heures

Apple a d'ailleurs vraiment créé un personnage qui s'appelle Mac, et un autre qui s'appelle PC, dans une série de vidéos qui s'appelle « I'm a Mac, I'm a PC ».

Ce qui est intéressant, c'est qu'Apple met en scène les caractéristiques et les valeurs de la marque, ainsi que les résultats clients dans les échanges entre ces 2 personnages, Mac et PC.

Je vous recommande de visionner le résultat, qui est vraiment drôle !

Si vous le ou la connaissez sur le bout des doigts, votre personnage devient à la fois une figure d'identification et une boule de cristal.

Vous savez qui il est, ce qui compte pour lui ou elle, ce qu'il entend, voit, ressent, pense et fait, ce qui vous permet de structurer votre contenu directement pour lui ou elle, et de taper dans le mille pour un groupe plus vaste.

> **>>> Comment procéder ?**
>
> **Étape 1 :** Choisissez pour commencer 1 de vos offres (ou une catégorie d'offres, si c'est plus logique compte tenu de ce que vous faites), et 1 cible si vous en avez plusieurs.
>
> **Étape 2 :** Constituez votre focus group : 5 personnes minimum, qui sont vraiment vos clients préférés. 8 à 10, c'est mieux, car il y en aura toujours quelques-unes dont on se rend compte finalement plus tard qu'elles ne correspondaient pas vraiment à ce qu'on cherchait, ou qui ne seront pas disponibles.
>
> - **Ces personnes peuvent déjà faire partie** de votre clientèle, ou de votre audience.
> - **Si vous n'avez pas à portée de main** ces personnes qui correspondent très bien à votre cible préférée pour l'offre que vous avez choisie : trouvez-les !
> - **Comment ?** Minez les blogs, forums, groupes privés, communautés en ligne

fréquentées par ces personnes-là : choisissez-en une poignée dont les commentaires, l'approche et la personnalité vous plaisent particulièrement : rien que de lire leurs commentaires, vous savez que vous aimeriez travailler avec.

– **Si à ce stade votre focus group est encore trop petit :** demandez autour de vous — ne choisissez pas directement parmi vos amis ou votre famille (les meilleures intentions du monde ne peuvent éviter une approche biaisée). En revanche, vous pouvez leur demander si dans leur entourage à eux il n'y aurait pas quelqu'un que vous pourriez contacter de leur part. Ça y est, vous avez votre focus group !

Étape 3 : Contactez-les, pour les écouter. 5 conseils par rapport à ça :

– **Réalisez vos entretiens en tête à tête :** ne cherchez pas à gagner 2 heures en groupant les RV, vous n'obtiendrez pas la même qualité de réponse. Pourquoi ? Parce que dans un groupe, on fait attention à ce qu'on dit, à l'image qu'on donne... la crainte du jugement filtre nos paroles.

Si on est en tête à tête avec vous, dans un moment d'écoute bienveillante, on vous en sera reconnaissant (*qui prend le temps de s'asseoir avec nous pour nous écouter vraiment, sans chercher à nous faire changer d'idée ?*). Et si vous posez les bonnes questions, vous repartirez avec des réponses d'une qualité rare.

— Ce qui nous amène au conseil suivant : **attention aux questions biaisées, exemples ci-dessous !**

Les questions biaisées, ce sont d'abord celles qui tournent autour de vous, et autour de ce que vous faites : certes, vous avez besoin d'avoir des retours, mais ce n'est pas le but de ces entretiens.

Ici, votre objectif est de comprendre comment ça se passe pour votre interlocuteur, comment c'est d'être lui.

— **Demandez-lui comment ça se passe, dans votre domaine** (Exemple pour Hélène : Comment c'est, d'être mère de jeunes enfants ? Exemple pour Anne-Solange : Comment c'est pour vous de prendre des photos avec votre téléphone ? Exemple pour Lyvia : Comment c'est, de commencer à développer son activité ?).

- **Ne demandez pas** : *« Qu'est-ce que vous aimeriez que je propose ? »,* ni *« Combien vous seriez prêt à payer pour X ? ».* Ce n'est pas à votre interlocuteur de réfléchir et décider à votre place ! **En fonction de ses besoins ET de vos points forts, vous ferez un choix, une hypothèse, que vous testerez ensuite !**

- **Incitez à creuser** : demandez « Et pourquoi ? » et « Et alors ? », et du coup, « Comment vous vous sentez par rapport à ça ? », « Qu'est-ce que vous avez déjà essayé ? Comment ça s'est passé ? Qu'est-ce qui vous a le plus plu ? Pourquoi ? Qu'est-ce qui vous a déçu ? Pourquoi ? »

Étape 4 : Observez, écoutez, prenez des notes.

- Quelles notes ? J'utilise une approche personnalisée en tableur de la carte d'empathie du client, développée par Alexander Oswalder dans Business Model Generation, explications dans les points suivants.

- Compte tenu des réponses que vous

avez compilées, maintenant classez selon les entrées suivantes :
- Les personnes que vous avez choisies dans votre focus group : qu'est-ce qu'elles lisent ? Qu'est-ce qu'elles entendent ? Qu'est-ce qu'elles voient ?
- Compilez ces informations dans un tableau Word, Drive, Evernote... en fonction de ce qui vous convient le mieux !
- Et après ? Analysez, interprétez pour dégager les réels besoins de vos clients, et leurs réels obstacles :
- En fonction de tout ça, qu'est-ce qu'elles ont déjà essayé ? Qu'est-ce qu'elles disent ? Qu'est-ce qu'elles *se* disent ? Qu'est-ce qu'elles ressentent ? Du coup, qu'est-ce qu'elles font ?

Ce que nous avons déjà essayé, ce que nous lisons — version papier ou en ligne, que ce soit sur des blogs, des sites, les réseaux sociaux, des communautés, ce que nous entendons (dans notre entourage familial, amical, professionnel, à la radio), ce que nous voyons (les comportements cette fois, dans nos entourages familial, amical, professionnel, les essais, échecs, réussites des personnes que nous connaissons ou que nous admirons de loin)... tout ça produit la conversation qui se passe en permanence dans notre tête.

Tout ça détermine notre point de vue, nos a priori, nos attentes : cela détermine ce que nous pensons être possible ou impossible, faisable ou non, bien ou mal.

Or, quoi que vous fassiez au niveau de votre business : la conversation qui a lieu dans votre tête n'est pas la même que celle qui a lieu dans la tête de votre audience. Si vous créez vos produits et services, vos contenus et publications diverses à partir de votre point de vue : il est très difficile de faire le lien pour votre lecteur avec ce qui se passe dans sa tête à lui.

La compilation et l'analyse de votre carte d'empathie du client vous permettent de faire tourner votre message, votre contenu autour de votre client au lieu de votre produit, ce qui est beaucoup plus intéressant.

>>> Utilisez :

- Ce qui ressort de votre analyse pour choisir avec discernement les produits et services que vous développez en fonction de ce dont votre audience a besoin, compte tenu de ce qui lui fait envie.

- Les échanges avec votre top 5–10, leurs formulations, pour choisir et préparer le contenu de vos publications, posts, mails — nous verrons comment aux chapitres 16 et 17 !

L'ère sociale est bien l'ère de la connexion

Votre travail consiste d'abord à écouter pour avoir en main tous les éléments dont vous avez besoin pour une stratégie efficace.

À partir de là, vous allez analyser, creuser, pour faire des choix au niveau de vos produits et services compte tenu des besoins des personnes avec qui vous voulez travailler : je n'ai volontairement pas écrit à partir de leurs envies, car comme vous le saviez bien, ce dont nous avons envie (et qui vient de ce que nous voyons/lisons/entendons etc.) n'est pas forcément ce dont nous avons besoin.

Prenons l'exemple de ma cliente Pétronille Perron : sa sœur et elle ont fondé Moiparmois. Elles vendent des carnets thématiques (mois de grossesses, mois de la 1ère année, rentrées scolaires...) avec une page par feuille, à prendre en photo le jour d'un certain événement.

Leur cible ? Essentiellement les parents de jeunes enfants qui courent après le temps avec le sentiment désagréable de passer à côté de l'enfance de leurs enfants, et de prendre moins de photos à partir de l'arrivée du deuxième !

Ils pourraient croire qu'ils ont besoin de mieux s'organiser ou de travailler moins pour avoir plus de moments de qualité en famille. Pétronille et Guillemette leur montrent que non : les carnets sont autant de RV réguliers pour des moments de complicité en famille, des moments à partager ensuite auprès de la famille élargie, pour le plus grand bonheur des oncles, tantes et grands-parents !

Une mine d'informations jamais égalée dans l'Histoire

Quand vous choisissez de voir Internet comme une table pour deux, vous accédez à une mine d'informations jamais égalée dans l'Histoire.

Et comme ce n'est pas qu'une somme d'informations disponibles, mais un outil interactif, vous pouvez plonger sous la surface : répondre à des commentaires, échanger avec les personnes qui vous intéressent et les inviter à échanger autour d'une vraie table cette fois, pour un thé/café.

Est-ce qu'on va accepter de vous rencontrer ? Est-ce qu'on va accepter de répondre à vos questions ?

Imaginez que votre coach préféré, ou un photographe, un dessinateur, un créateur de chaussures, un humoriste, un spécialiste de l'hypnose, de spiritualité kabbalistique, d'alimentation ayurvédique — bref quelqu'un dont le travail vous intéresse et avec qui vous avez déjà échangé sur les réseaux vous envoie un mail pour vous dire en substance :

« Bonjour Untel, j'ai vraiment apprécié ce que vous avez dit l'autre jour à propos de tel sujet de conversation — quel plaisir d'échanger avec d'autres qui sont sur la même longueur d'ondes !

D'ailleurs voilà : vous êtes le client idéal pour moi. Je suis en train de travailler sur tel projet, et j'aimerais vous poser quelques questions pour mieux vous connaître — promis, ce sera court, et si vous avez aussi des questions à me poser de votre côté, j'y répondrai avec plaisir.

De mon côté, ça me permettrait d'améliorer mon travail et je vous en serai infiniment reconnaissant ! Si vous êtes partant, formidable !

Répondez à ce mail et je vous explique tout. Si vous n'êtes pas intéressé, vraiment il n'y a pas de problème — dites-moi »

Alors vous recevez ce mail : vous avez envie de l'aider ou pas ? Oui. Si on vous a bien choisi, vous répondez oui !

Personnellement, ça ne m'est jamais arrivé qu'on refuse. Mais même si une personne n'est pas intéressée ou pas disponible, ce n'est pas grave ! Passez à la suivante !

Mais... est-ce qu'échanger avec une dizaine de personnes, c'est vraiment suffisant ? On touche bien plus de gens avec un sondage, non ?

Mazette, les sondages. Comme nous avons vu, les réponses aux sondages sont à prendre avec des pincettes.

Quant au nombre de personnes avec qui vous avez besoin d'échanger, Chris Stielhl et Henry DeVries ont justement partagé une information très intéressante à ce sujet dans Pain Killer Marketing :

12 à 15 entretiens réalisés en tête à tête permettent d'identifier 80 % des problématiques de votre segment. Soit la même quantité que 7 focus groups de 12 participants chacun.

Quand je vous disais qu'échanger en tête à tête avec une poignée de clients allait vous faire gagner du temps et de l'argent !

Internet est votre laboratoire : formidable pour écouter, puis pour tester. Au lieu de voir réseaux, blogs et newsletters comme des canaux de promotions, utilisez-les en priorité pour écouter votre audience, puis **tester vos idées.**

Points-clefs et pistes d'action
Chapitre 14 — Utiliser le web comme un stéthoscope

Points-clefs :

- **Imaginez que vous n'avez rien à vendre :** vous êtes écrivain, scénariste, et vous avez besoin de montrer, avec votre contenu, un personnage plus vrai que nature. Vous allez donc chercher, rencontrer les personnes qui vont vous permettre de rentrer dans la tête de ceux que vous n'êtes pas.
- **Votre cible n'est pas votre marché :** ce n'est pas parce que vous ciblez un certain type de personnes précis que vous vous aliénez tous ceux qui ne leur ressemblent pas comme 2 gouttes d'eau.

Pistes d'action :

- **Choisissez une de vos offres** et constituez votre focus groupe en fonction (conseils chapitre 14) ;
- **Réalisez vos entretiens en tête à tête :** posez les bonnes questions, et taisez-vous, et prenez des notes !

- **Compilez les données recueillies,** analysez, interprétez pour dégager les réels besoins de vos clients, et leurs réels obstacles ;
- **Utilisez ce qui en ressort** pour choisir les produits et services à développer, améliorer les existants ;
- **Employez les mots et formulations de votre focus group** dans le contenu de vos publications : articles, mails, pages de vente.

Pour recevoir gratuitement les mises à jour et bonus actuels et à venir du livre, rendez-vous sur http://selmapaiva.com/lesbonusdulivre !

15.

Comment tester ses idées : ou les conséquences du changement du web sur le développement de produits et services

« Plus nous sommes en situation de force dans une situation, moins nous sommes capables de comprendre le point de vue des autres. »
— Dan Pink

Avoir une communauté, générer de l'enthousiasme ne se traduit pas forcément en ventes. En tout cas l'impact sur les ventes est plus faible que si on arrive à générer du contenu à partir du point de vue de son interlocuteur.

Car quand on est en position de vendre ses idées, produits, services : on est en position de force, ce qui réduit notre capacité à changer de perspective, à choisir avec discernement.

Car j'imagine que vous avez déjà 1001 idées à la minute.

Jouer au détective en ligne, échanger en tête à tête avec des clients, certes c'est laborieux dans un premier temps, mais le processus allume de nouvelles ampoules au-dessus de nos têtes et nous nous retrouvons avec encore plus d'idées !

Faire des choix s'impose... on peut se retrouver avec un produit ou service qui se vend mal, alors que l'idée venait pourtant des personnes concernées !

C'est comme ça aussi qu'on peut passer des semaines, des mois à développer une collection de produits, un programme a priori formidable mais,... qui se vend peu ou mal.

Pourquoi ? Parce qu'il ne s'agit pas simplement d'écouter : vous allez écouter, creuser, analyser et les idées qui vont en sortir ne sont que des hypothèses.

Si vous êtes vraiment passionné, enthousiasmé par ce que vous faites : cette énergie est contagieuse, on va vous suivre parce que c'est intéressant, inspirant.

Mais on ne va pas acheter pour autant — testez d'abord !

On ne va pas acheter pour autant — testez d'abord !

Comment ?

Commencez par revenir à l'essentiel – votre produit, service, prestation : il sert à quoi, du point de vue du client ?

>>> **À vous :** reprenez la carte d'empathie que vous avez élaborée au chapitre précédent :

- Quels sont les 3 points que vous voulez reprogrammer pour votre client, via ce qu'il achète chez vous ?
- Qu'est-ce qui va changer pour lui, très concrètement ?

Imaginons que vous vendiez des bijoux. Votre client est un homme qui cherche à réussir un anniversaire de mariage. Jusqu'à présent, il a du mal à comprendre ce qui plaît vraiment à sa femme : le moment est toujours stressant pour lui, et même décevant, car elle finit par retourner le cadeau pour l'échanger. Pour une fois, il aimerait voir briller ses yeux, ressentir la satisfaction d'avoir choisi un objet qui lui plaît, qu'elle va porter au quotidien, qui lui vaudra les compliments de ses copines. Il devient un mari qui assure : fierté absolue !

Car la vérité la voici : comprendre ce qui se passe dans la tête de ses clients, son audience, n'a de sens pour un entrepreneur que s'il creuse suffisamment pour comprendre ce que le client a besoin de faire.

Et ne nous arrêtons pas au vocabulaire : vous ne vendez pas forcément (probablement !) d'outils de bricolage. Peut-être que votre travail à vous est dans l'être (vous êtes psy ? coach ?) ou dans l'avoir (vous êtes dans l'immobilier ? le prêt-à-porter ?).

Reste qu'être, faire et avoir sont inextricablement liés. Nous achetons ce que nous achetons dans l'optique d'un certain impact, et pour résumer : tout ce que nous faisons, c'est pour nous sentir bien, compte tenu de ce qui compte pour nous.

> >>> **À vous :** maintenant, compte tenu de ce que vous savez de votre focus group, et compte tenu de ce que vous voulez concrètement changer pour eux, rendre possible pour eux : quelle est la version la plus simple, la plus minimale du produit/service que vous voulez développer ?

Imaginons que vous êtes home organizer : vous aidez des familles à repenser leurs espaces de vies, leurs habitudes pour finalement mieux profiter des moments passés ensemble.

Rentrer pour se prendre les pieds dans les chaussures, la pile de courrier, les sacs de courses, les cartables des enfants et les manteaux... il y a de quoi mettre tout le monde sur les nerfs 2 minutes après avoir franchi le pas de la porte, ah ah.

Et le problème est déclinable à toutes les pièces de la maison. Bref : habituellement, vous accompagnez vos clients sur 2 à 3 mois. C'est un certain budget, une contrainte au niveau temporelle aussi : vous pensez à un accompagnement virtuel. Qu'est-ce que vous pourriez proposer, version minimale ?

Ça pourrait être un défi en ligne, pour un petit groupe de 10 personnes : chacun s'attaque le 1er jour à son bureau, le 2e aux tiroirs des enfants, et le 3e aux tiroirs de la salle de bains. 2 heures par jours où vous coachez tout le monde via Google Hang Out, et vous voyez vraiment comment ça se passe.

Première version, premiers adeptes

Les personnes qui sauteront le pas pour cette version minimale, ce sont vos *« early adopters »,* vos fans de la première heure.

Nous avons tous plusieurs types de clients, et nous sommes nous-mêmes des clients différents en fonction de ce qui nous plaît. Pensez à Apple par exemple : j'aime beaucoup la marque, mais je suis plutôt technophobe. Le dernier iPhone, le dernier iBook etc. : ça ne m'intéresse pas du tout, parce que je sais que dans 1 an, les bugs seront résolus et le prix aura diminué, donc j'attends. En revanche Harry Potter... je suis tombée dedans avant la grande vague.

J'ai pré-commandé les livres en version anglaise avant leur sortie, quitte à trimbaler des pavés de 800 pages à la couverture cartonnée bien lourde parce que je ne pouvais pas attendre la version légère, et encore moins des mois supplémentaires pour la version française.

Vos fans de la première heure ? Ils ont envie de faire partie de l'aventure : si votre site n'est pas parfait, qu'il y a un délai de livraison pour les commandes, que la plate-forme est hébergée sur un forum gratuit — aucun problème. Ils ont envie de faire partie de l'aventure, d'être les premiers, de faire remonter les bugs.

Conséquence formidable : vous n'avez pas besoin d'un produit/service parfait ni d'un grand lancement pour proposer votre idée.

Vous n'avez même pas besoin d'une boutique en ligne ou d'un espace particulier : ce dont vous avez besoin, c'est d'une boîte mail, et d'un bouton Paypal.

Si vous avez une page de vente c'est mieux, mais pour la version minimale ce n'est pas indispensable : vous avez développé des contacts avec les personnes intéressées, écrivez un mail irrésistible pour leur proposer votre idée.

Mais attention : tester une idée, ce n'est pas la présenter !

C'est facile de dire à quelqu'un qu'on aime bien que son idée est super et que s'il la développait, on serait intéressé. C'est facile parce que ça fait plaisir à l'autre, mais ça n'engage à rien !

Le vrai test, c'est la vente. Alors, votre idée de produit/service : elle se vend ou pas ? Si ça marche :

bravo ! Maintenant, vous pouvez le créer, ce super produit ou service !

Comme vous l'avez déjà vendu, en plus vous allez être hyper efficace dans l'action, c'est moi qui vous le dis, impossible de remettre à plus tard et de se disperser.

Résultat ?

Au bout de quelques semaines, votre 1ère version vous a rapporté des sous, vous avez aidé vos clients, et comme vous étiez à leur écoute pendant le processus : vous avez même amélioré votre idée de départ.

Comme vous leur demandez leur retour (attention à poser les bonnes questions, pensez questionnaire de *transformation,* pas questionnaire de satisfaction : ce que vous avez besoin de savoir, c'est ce qui a *changé*), vous allez pouvoir relancer une 2e version cette fois, auprès d'une audience qui a besoin de plus de crédibilité de votre part pour se décider.

Études de cas et témoignages sous le coude, vous êtes plus crédible pour ce 2e round. Vous êtes mieux armé aussi pour votre stratégie de contenu, nous allons en reparler.

Toutes les idées ne se valent pas

« L'humilité c'est le doute, il faut tout tester, ne rien changer sur un coup de tête. Cela vous apprend que votre avis n'a aucune importance.

*Aujourd'hui, 70 % de notre roadmap sont inspirés
des retours utilisateurs et des "rapports
d'étonnement" demandés aux nouveaux
collaborateurs au cours des 15 jours qui suivent
leur arrivée. »*
— Marie-Anne Gauly,
Directrice Marketing chez Le Bon Coin

« Retour à l'humain avec un sujet inattendu, l'humilité » a titré Viuz. J'aime beaucoup, car on oublie que ce qui nous semble évident n'est que le résultat de processus de pensée répétée : il suffit de voyager pour s'en rendre compte. Ce qui semble évident ailleurs n'a rien de logique quand on n'est pas du coin.

En France par exemple, on n'offrirait jamais des chrysanthèmes, qui sont associés à la mémoire des disparus, pour la Toussaint.

Au Japon, l'emballage d'un cadeau est d'une grande importance et l'ouvrir devant celui qui offre est impensable. On les ouvre après, en privé, pour ne surtout pas mettre mal à l'aise celui qui offre au cas où son idée ne nous plairait pas.

Le plus drôle : le président Bush, en 1989 qui offre des santiags au premier ministre chinois et frôle l'incident diplomatique. Pourquoi ? En Chine, les chaussures symbolisent la fuite, et le rejet !

*« Notre plus gros défaut (surtout en tant qu'expert
de notre domaine) est la plupart du temps de
présupposer. On présuppose les besoins de son client*

potentiel, ses difficultés, son pouvoir d'achat,
ses valeurs. »
— Cécile bonnet

Même si vous connaissez bien vos clients, vous ne pouvez pas savoir à l'avance si l'idée formidable que vous avez en tête va marcher : testez !

Si ça marche, formidable : après les premiers retours, améliorez la version 2.

Si ça ne marche pas ? Pourquoi ? Demandez aux personnes à qui vous avez proposé cette 2e version, puis analysez leurs réponses (pas le temps, pas envie, pas d'argent ne sont que des réponses de surface, on en a déjà parlé). Vos clients consacrent ce temps, cette motivation, cet argent à autre chose, ce n'est pas comme s'ils restaient statiques. Alors à quoi consacrent-ils ces énergies ? Et pourquoi ? Du coup : est-ce que c'est votre idée, votre hypothèse de départ qui n'était pas la bonne ? Ou bien est-ce que c'est votre message qui est à revoir ?

Si votre phase test montre bien que votre hypothèse permet aux testeurs d'obtenir de bons résultats, mais que les nouvelles personnes à qui vous proposez n'adhèrent pas, c'est que soit ce ne sont pas les bonnes personnes, soit elles ne font pas le lien entre votre idée et ce qui leur fait envie : dans ce cas, c'est votre message de vente qui est à revoir.

Aujourd'hui, vous avez des outils variés à disposition pour tester votre idée sans gros budget : mails, articles de blog, publications Facebook, webinaires... profitez-en !

J'aime beaucoup le parcours d'Antoine Constantin et Paul Polyakov, fondateurs de Gustave et Rosalie interviewés par Peggy André, sur Fractale. L'idée de départ : recommander ce que les 2 amis connaissaient — Paris, les sorties. Mais est-ce que c'était une bonne idée de business ?

En 2012, ils se lancent dans la phase test : un site, et une newsletter consacrée aux bons plans sur Paris avec sa moitié. Ça se passe bien, alors ils décident d'aller plus loin.

En 2013, un partenariat avec Swatch leur permet d'investir dans la version 2 du site et de rejoindre une régie publicitaire.

Alors ? 30 000 euros de CA, 5 000 abonnés : ils vont plus loin avec d'autres partenariats (La SNCF, Asos...)

Ce n'est que fin 2013 qu'ils lèvent 30 000 puis 150 000 euros.

Internet est un laboratoire, profitez-en pour tester vos idées. Vous aurez besoin de beaucoup moins de temps (et d'argent) pour passer à l'action : votre processus créatif sera plus rapide et vos lancements plus sereins !

Quand vous entrez dans cette demarche-là, vous vous ôtez de votre propre chemin.

Au lieu de garder vos idées précieusement serrées dans votre main, vous relâchez l'étreinte : vous testez, vous validez, vous entrez vraiment dans l'ère sociale, pas avec une plate-forme, un réseau, un outil de plus mais parce que vous entrez dans une relation sociale, un échange d'individu à individu.

Nous avons vu comment utiliser le web pour écouter, puis pour tester vos idées, voyons maintenant comment **utiliser votre blog pour impacter vos ventes.**

Points-clefs et pistes d'action
Chapitre 15 — Comment tester ses idées, ou les conséquences du changement du web sur le développement de produits et services

Points-clefs :

- **Écouter ses clients, ce n'est pas suffisant !** Même en creusant et en analysant, les idées qui en ressortent ne sont que des hypothèses de produits/services à développer.
- **Toutes les idées ne se valent pas :** testez une version minimale de votre idée avant d'aller plus loin. Les personnes qui sauteront le pas seront vos premiers adeptes.
- **Tester, ce n'est pas présenter une idée.** Le vrai test, c'est la vente et l'expérience client. En fonction des résultats du test, validez ou invalidez votre idée de départ. Si elle est validée : améliorez la version 2 en fonction des résultats du test !

Pistes d'action :

- **Pour le produit/service que vous avez en tête,** écrivez les 3 points que vous voulez reprogrammer en priorité pour votre client.
- **Rappel !** Ces 3 points ne peuvent être devinés. Ils ne peuvent que découler d'une observation poussée et d'échanges en tête à tête avec les personnes concernées !
- **Maintenant,** compte tenu de ce que vous savez de votre focus group, et compte tenu de ces 3 points que vous voulez concrètement changer pour eux : quelle est la version la plus simple, la plus minimale du produit/service que vous voulez développer ?
- Testez, puis améliorez !

Pour recevoir gratuitement les mises à jour et bonus actuels et à venir du livre, rendez-vous sur http://selmapaiva.com/lesbonusdulivre !

16.

Utiliser votre blog pour impacter vos ventes dans la nouvelle économie

Internet est une table pour deux. Et que font 2 personnes attablées ? Elles parlent !

C'est pour ça que l'essence du nouveau web est la conversation, la relation. Et c'est pour ça que le « content marketing », le marketing de contenu est sur toutes les lèvres virtuelles.

Mais faire du marketing de contenu n'est pas évident : il ne s'agit pas de meubler la conversation, surtout pas rajouter du bruit à la cacophonie virtuelle.

Ce n'est pas évident parce que, comme nous avons vu, si l'ère du haut-parleur est condamnée, son héritage pèse encore lourd : Fred Cavazza constate d'ailleurs que si le sujet plaît, on le voit encore très peu en application !

« J'entends parler du Design Thinking et des Customers Journeys tous les jours, mais je ne les

*vois quasiment jamais à l'œuvre, un sacré
paradoxe ! »*
— *Fred Cavazza*

L'ère du haut-parleur part du principe que la
solution (à plus de ventes, plus de clients, de
meilleurs résultats...) est dans la visibilité : plus de
personnes au courant, c'est plus de trafic, et plus de
trafic, c'est plus de ventes ? Eh bien non.

Ce modèle a marché pendant quelques années
quand les blogs (qui n'étaient pas liés à des business,
mais tenus par des particuliers précurseurs) ne
pouvaient se rémunérer que grâce à la publicité et
aux billets sponsorisés.

Prédiction : ce modèle économique, s'il est encore
en vigueur, a fait son temps.

Pourquoi ? Parce qu'il passe à côté de l'échange de
valeurs, et que maintenant, les clients, les blogueurs,
comme les entrepreneurs ont besoin et envie d'une
relation différente.

Marques et blogueurs — choblab.com

Aujourd'hui, un blog qui a une audience suffisamment large pour vivre d'articles sponsorisés et de publicité a un potentiel bien plus grand en développant ses propres offres. Ce qui est d'ailleurs plus épanouissant pour l'équipe aux manettes, comme pour ses lecteurs.

Nous avons aussi vu qu'il y a différents types de clientèles et que vous pouvez passer bien plus vite de la phase idée à la phase rémunération : en fait, vous pouvez vous rémunérer au fur et à mesure que vous développez votre offre, si vous avancez main dans la main avec les personnes concernées, vos clients préférés.

Je l'ai déjà écrit, et je vais le redire ici : le futur appartient aux co-créateurs.

Cette démarche impacte forcément tout le marketing qui ne peut plus commencer une fois que le produit est fini : pour fonctionner dans l'ère sociale, il doit faire partie de la démarche dès le début.

Là où la connaissance de vos clients va jouer une importance capitale maintenant, c'est dans votre communication, *a. k. a.* votre stratégie de contenu.

C'est autour de votre audience qu'il va désormais tourner, et pas autour de ce que vous avez à vendre, même si vous allez aussi en parler, bien entendu ! Mais votre travail, c'est vous que ça intéresse, et quasiment personne d'autre. Vu que ce qui intéresse chacun de nous, c'est lui-même.

Au cœur d'une stratégie de contenu efficace, le blog.

Le blogging, une valeur sûre

Le blogging a longtemps été à la mode. Et il reste une valeur sûre. On trouve pléthore d'idées de contenu à publier et de modèles de calendriers éditoriaux à télécharger. Il est communément admis (les fameux *« like, know and trust factors »*) que pour acheter, le futur client doit vous connaître, vous apprécier, et vous faire confiance.

Est-ce que c'est vrai ? Bien sûr ! Mais ce n'est qu'une partie de l'équation.

Susciter l'enthousiasme et la confiance, publier des articles de qualité c'est déjà bien, MAIS avoir un calendrier éditorial bien rempli n'est PAS synonyme de stratégie efficace !

Il y a un chemin à paver entre votre lecteur préféré et votre client préféré : le premier portant les graines du 2e, mais il n'y a pas d'arrosage automatique.

« Nous survivons tous en vendant un produit,
un service, ou une compétence.
Pourtant, chaque vente se heurte à 5 obstacles : pas
besoin, pas d'argent, pas maintenant, pas envie, pas
confiance. Si la confiance n'est pas là, oubliez les
4 autres obstacles : vous êtes cuits ! »
— Alexander Green

Autrement dit, passée la confiance, il reste 4 autres obstacles à surmonter : pas besoin, pas d'argent, pas maintenant, pas envie.

Le dernier résumant assez bien à lui seul les 3 autres : quand on n'a pas envie, on va dire qu'on n'en a pas besoin, qu'on n'a pas les moyens, ou que ce n'est pas le moment.

Est-ce que c'est vrai ? Disons plutôt que c'est sincère, mais que généralement, ce n'est pas vrai.

Quand on n'a pas envie d'acheter, c'est plutôt une question de priorité : souvent, ce n'est pas qu'on n'a pas du tout les fonds ou le temps (quoi que ça peut arriver, on est d'accord). C'est plutôt qu'on a généralement d'autres priorités en temps et en argent, des priorités qui le sont *devenues* parce qu'on a fait le lien entre ce qui nous pose problème, ce qui nous fait envie et le produit ou service qu'on achète dans cette optique.

Alors voilà : votre blog peut être plein de super articles, il n'amène pas forcément vos lecteurs à dépasser leur principal obstacle à l'achat — eux-mêmes.

Le secret pour plus d'impact avec votre blog

Le secret ? Une stratégie de contenu efficace dans le sens où elle transforme vos lecteurs en clients potentiels.

Comment ? En les guidant sur plusieurs étapes

Compte tenu de votre parcours, de vos clients, de vos concurrents : votre approche est différente car — vous avez remarqué — il y a des points de vue, des approches différentes dans votre domaine, n'est-ce pas ?

Rebondissez sur la vôtre pour faire progresser vos lecteurs. Tant que ce qui se passe dans leur tête ne leur permet pas d'adhérer à votre vision des choses, ils ne sont pas prêts à écouter ce que vous avez à dire, et encore moins à acheter ce que vous faites.

Aucun d'eux ?

Si, une petite partie, je vous l'accorde. Ceux qui sont déjà arrivés au dernier des 5 stades et qui ont déjà conscience des éléments nécessaires pour passer à l'achat dans de bonnes conditions. Il ne manque pas grand-chose pour les transformer en clients réels !

Le reste de votre clientèle potentielle est répartie en 4 stades successifs.

Dans ces 4 stades précédents : votre lecteur n'est pas suffisamment avancé pour être un client potentiel, et c'est là le cœur du problème — si les bonnes idées de contenu que vous avez pour votre blog (et qu'on trouve dans les listes d'idées d'articles intéressantes) s'adressent uniquement aux lecteurs qui se trouvent dans le dernier stade, le plus avancé (voire le précédent).

Tous les autres lecteurs n'en sont pas encore là — où en sont-ils alors ? Excellente question !

Observons ces stades à reculons, l'un après l'autre, avec le schéma page suivante.

Stade 1 :
n'a pas conscience de ce qui
lui pose vraiment problème.

Stade 2 :
a correctement identifié son problème,
pas encore la solution.

Stade 3 :
sait ce qu'il lui faut, mais il ne sait pas encore bien qui
vous êtes , ni ce que vous vendez vraiment.

Stade 4 :
a identifié sa problématique et les solutions possibles.
vous connaît, connaît vos produits ou services MAIS ne
sait pas encore si ce que vous faîtes est bien ce dont il a
besoin.

Stade 5 :
a correctement identifié sa problématique et les
solutions possibles, il vous connaît, ainsi que votre
travail qu'il a identifié comme étant ce qu'il lui faut.

Les 5 stades des clients potentiels

Dans le stade n° 4 : votre lecteur a bien identifié sa problématique, il vous connaît, il connaît vos produits ou services MAIS il ne sait pas encore si ce que vous faites est bien ce qu'il lui faut *(et vous perdez du temps à échanger par mail, il réfléchit, il* réfléchit... alors qu'avec une bonne stratégie de contenu, hein !)

Dans le stade n° 3 : votre lecteur se trouve un peu plus loin. Il sait ce qu'il lui faut, mais il ne sait pas encore bien qui vous êtes vraiment, ni ce que vous vendez. *(C'est le client qui arrive chez vous suite à une recherche sur Google par exemple).*

Dans le stade n° 2 : on recule encore ! Votre lecteur sent bien qu'il a un problème, mais il ne l'a pas encore identifié, ou alors... il l'a mal identifié. *(Ce lecteur-là peut être arrivé via une publicité, ou au hasard de liens cliqués l'un après l'autre sur une thématique.)*

Et dans le stade n° 1 : alors là, c'est un lecteur qui n'est pas venu pour résoudre une problématique ou concrétiser une envie, il est arrivé chez vous pour une autre raison, et il n'est pas prêt le moins du monde à acheter quoi que ce soit. *(Typiquement : il est arrivé suite à un lien partagé sur les réseaux sociaux, une interview, un webinaire. Ça lui a plu, mais il n'a pas idée de qui vous êtes ni de ce que vous faites vraiment. Donc impossible d'acheter quoi que ce soit à ce stade même s'il fait partie potentiellement de vos futurs clients préférés).*

Une stratégie de contenu efficace, conversationnelle, relationnelle prend votre lecteur par la main pour le faire progresser d'un stade à l'autre.

Quand il arrive au dernier, et pas avant : il est prêt à devenir client. Il est prêt pour l'offre, la page de vente, le descriptif produit, l'entretien découverte. Mais avant, ce n'est pas encore le bon moment.

« Bref, si vous n'êtes pas une expérience,
vous ne serez bientôt plus une marque. »
— Manuel Diaz

Pour résumer, on pourrait dire que 80 % du travail de vente s'est fait avant l'accès à la page, dans le sens où la décision est déjà quasi-prise.

Alors oui, on pourrait même dire que vos articles de blogs sont un autre format de page de vente, placée à l'horizontale cette fois, et découpée de sorte que vos articles balisent une progression qui en soit vraiment une pour votre lecteur, un article après l'autre !

Et la page de vente, le descriptif produit, ils ne servent à rien alors ? Oh si, la dernière étape du parcours est clef, et elle se fait d'autant plus facilement que le parcours a bien été pavé avant. Toutes données identiques par ailleurs, une page de vente réussie, c'est facilement des ventes multipliées par 2, 3... 4 !

Comment réussir une page de vente ?

Le travail en coulisses sur vos clients est indispensable.

Et si vous voulez tout savoir, j'ai une super formation spécialement dédiée aux pages de ventes. Mais voilà les erreurs principales : une page de vente efficace, c'est du contenu, et comme le contenu d'un blog, s'il est axé sur le vendeur et son nombril, c'est rasoir, et pas très convaincant.

Dans la 1ère partie de votre page de vente, votre lecteur doit se sentir compris : cette section-là tournera autour de sa situation actuelle avant que la prochaine ne lui montre ce qui devient possible grâce à vous. Ce n'est qu'à ce moment-là, dans le 3e tiers, qu'il est prêt à écouter (lire !) ce que vous avez à dire à propos de ce que vous avez à vendre !

> *« Le marketing EST le parcours.*
> *Le parcours EST le marketing. »*
> *— Jean-Philippe Baert, sur LesEchos.fr*

Mais avant de penser page de vente ou descriptif produit, partez du principe que quand on arrive chez vous, on n'est pas prêt à acheter.

Aida, ce n'est pas qu'un opéra !

Aida, c'est aussi l'acronyme résumant la stratégie de contenu : Attention, Intérêt, Désir, Action.

>>> **À vous !**

À partir du moment où vous savez où vous voulez arriver (le descriptif produit, la page de vente), vous pouvez préparer les articles qui vont graduellement guider votre lecteur d'un stade à l'autre :

- D'abord, vous avez besoin de l'Attention de la personne qui lit : parlez-lui de lui, pas de vous ! Montrez que vous comprenez ce qui se passe dans sa tête — et pour avoir son attention, bousculez ses idées reçues (avec bienveillance bien sûr, on n'est pas là pour remuer le couteau dans la plaie)

- Après, gardez son attention en suscitant son Intérêt : montrez ce qui devient possible pour lui, grâce à vous. Montrer, ce n'est pas pareil que dire. Montrer, c'est vivant, c'est raconté, avec des anecdotes, des références (Votre parcours ! Vos goûts ! Vos points forts ! Vos clients !)

- Continuez : le principal obstacle à l'achat étant l'acheteur lui-même, donnez-lui le Désir d'y arriver en lui montrant pourquoi il n'y arrive pas seul.

- Enfin : pour lui donner envie d'Agir. C'est à ce moment-là, et pas avant, que vous pouvez

> parler de vous, de votre expertise, de votre produit/service, et lancer la vente à proprement parler.

Le parcours client

Le parcours client, la fameuse « *customer journey* » est généralement utilisée pour cartographier le parcours du client une fois qu'il est client.

Cependant, avec le bazar, le brouhaha qu'il y a aujourd'hui en ligne, un lecteur, un abonné fidèle, c'est déjà un client en quelque sorte.

C'est quelqu'un qui investit déjà son temps et son énergie à lire votre contenu, le partager, le commenter : techniquement, c'est un client potentiel, mais je vous invite à commencer de cartographier son parcours bien avant qu'il achète quoi que ce soit – car le secret pour plus d'impact, et se démarquer, c'est un contenu stratégiquement pensé pour sa progression à lui, client.

Comme l'a si bien écrit Jean-Philippe Baert : « *Le marketing EST le parcours* ».

Quand vous avez dessiné la trame de votre contenu en fonction des étapes que nous venons de voir, on peut dire que vous avez posé les premiers jalons de votre stratégie de contenu — bravo !

Si vous souhaitez élargir votre démarche, je vous invite à consulter les dates de mes prochaines formations sur *selmapaiva.com/formations*.

Si vous souhaitez être guidés dans le détail, pas à pas, RV sur *selmapaiva.com/accompagnement*.

Quand vous avez cette trame, donc, il vous reste à écrire de bons articles et à apprendre à communiquer par mail — ce point faisant l'objet du chapitre suivant !

Comment écrire un bon article ?

Il s'agit davantage de l'écrire en se posant les bonnes questions qu'en suivant « la bonne méthode » (qui n'existe pas, autant être clair !)

Savez-vous que chez Amazon, Jeff Bezos, le fondateur apporte une chaise vide pour les réunions les plus importantes ?

Pour qui ? Pour le client ! Les participants sont invités à considérer que c'est la personne la plus importante de la pièce.

Alors pour commencer, je vous invite à placer une chaise vide à côté de vous quand vous écrivez, ou en face, selon la configuration de votre espace de travail (prenez une photo et envoyez-là moi sur Twitter @heyselmapaiva !).

>>> **À vous : maintenant que vous êtes assis avec votre client, voici les questions à garder en tête pour écrire un article intéressant pour lui ET pour vous :**

- **Pourquoi écrivez-vous cet article, du point de vue de votre lecteur ?** Attention à ne pas écrire pour vos collègues avec jargon professionnel et sujets de conversation qui n'intéressent que les initiés comme vous !

Demandez-vous :

  – Qu'est-ce que vous voulez que votre lecteur en retienne ? Pourquoi ?

  – En quoi est-ce que stagner impacte son quotidien ? Comment est-ce que ça se traduit ?

  – Du coup, de quoi votre client potentiel a-t-il envie ? Et besoin ?

  – Sur quel point est-ce que vous les aidez, avec cet article, pour quel impact ? Qu'est-ce qui va changer pour eux ? Par exemple : voulez-vous qu'il reparte avec une nouvelle vision des choses, qu'il voit sa problématique différemment ? Qu'il reprenne confiance en lui ? Qu'il ait confiance en vous ? Qu'il vous réponde, dans les commentaires ? Qu'il reparte avec un conseil précis à appliquer dans son travail, sa vie de couple, de famille, son alimentation... selon ce que vous faites ?

- **Pourquoi écrivez-vous cet article, de votre point de vue ?**

Demandez-vous :

- À quelle étape de votre cycle AIDA est-ce que cet article tombe ? Par exemple, avez-vous besoin de générer de l'attention à ce stade, ou de l'amener à passer à l'action ? Le même sujet sera traité différemment dans ces 2 cas !

- Qu'est-ce que vous voulez que votre lecteur fasse, après avoir lu l'article ? À ce propos : attention aux articles trop longs ! La mode des articles de 4 000, 5 000 mots fait rage en ce moment. Que les choses soient claires : je ne pense pas qu'il y ait une longueur d'articles idéale, et en deçà d'une certaine longueur, il est très difficile de réussir à écrire un bon article (sauf si vous êtes le grand manitou Seth Godin). Le problème est qu'il y a un moment où très long devient *trop long* : trop long pour qu'on puisse vraiment comprendre où vous voulez en venir et passer à l'action. Il y a d'excellents articles en ligne qui font plus de 5 000 mots : ça vous positionne en tant qu'expert, c'est sûr, et Google aime aussi — mais votre lecteur ? Va-t-il en retirer quelque chose de concret ou bien se sentir dépassé par le poids de votre expertise ?

Soyez vigilants, car si vous dépassez la frontière de l'article comestible : c'est l'indigestion d'informations, et vous risquez *l'effet inverse* de celui que vous visez.

- **Pour publier quand ?**

Si cet article fait partie d'une série qui va préparer votre lecteur à une offre que vous avez en tête en le faisant progresser d'un stade à l'autre : tenez en compte dans votre calendrier éditorial pour qu'il en prenne connaissance au meilleur moment ! De bout en bout, le parcours peut durer plusieurs semaines, voire 2–3 mois, selon la nature (et le prix) de votre offre.

- **Pour vendre quand ?**

Selon la nature de l'offre, le processus de préparation via votre contenu devra tenir compte de contraintes temporelles (saisonnières par exemple), financières (on a besoin de moins de temps pour se décider à investir 300 euros que 3 000 euros), organisationnelles (si votre client ne prend pas la décision seul par exemple, mais au sein d'une équipe ou avec la validation d'un associé, d'un supérieur hiérarchique) mais aussi de la nature du changement à venir. Par exemple : il est plus facile de se décider à investir dans un développement de compétences techniques alors qu'on a besoin de d'avantage de temps pour se faire à l'idée d'un changement qui touche à son identité.

- **Pour vendre ou pas ?**

Je vous souhaite vraiment de développer votre contenu stratégiquement, mais ça n'empêche pas de laisser la place à l'improvisation, et à l'imprévu. Quand vous publiez ce type d'article, je vous recommande cependant de le faire hors période de préparation d'une vente, simplement pour que vos lecteurs arrivent mieux à suivre le fil de vos pensées !

Important : faites un plan de votre article avant de le rédiger.

Vous êtes d'un tempérament spontané et vous écrivez vite ? C'est formidable, je vous envie ! Le souci encore une fois c'est que vous avez un business, et que développer sa visibilité, créer de la conversation, des relations c'est indispensable — mais le puzzle reste incomplet si la dimension objectifs de vente n'est pas intégrée au processus. Le plan de votre article peut évoluer avec sa rédaction, mais une trame vous permet de vérifier que vous avez bien tenu compte des questions précédentes avant de rédiger.

Pour finir, les mots

Au-delà du jargon de votre profession qu'il vaut mieux éviter, reprenez les notes de votre focus groupe. Pour vos articles, comme pour vos mails et vos pages de vente : vous n'avez pas besoin de réinventer la roue, reprenez les formulations des personnes concernées par ce que vous avez à vendre !

Une étude danoise portant sur des serveuses a d'ailleurs montré que celles qui reprennent « texto » les mots de leurs clients récoltent 70 % de pourboires. Pourquoi ? Parce qu'on se sent plus à l'écoute, plus en confiance, et parce que nous sommes plus enclins à écouter quelqu'un qui nous plaît.

Et vous savez quelles sont les personnes qui nous plaisent ? Robert Cialdini, Université d'Arizona a montré que ce sont celles qui nous ressemblent. Ce point est d'ailleurs exploité par des vendeurs sans scrupules qui vont mentir pour dire qu'ils viennent de la même région que vous ou qu'ils y ont passé des vacances, qu'ils ont le même chien que le vôtre etc., parce qu'ils savent bien que les petits détails permettent aux humains de se reconnaître et de se sentir en confiance.

Ne mentez jamais, bien sûr ! Mais utilisez les mots de vos lecteurs, pour qu'ils puissent s'identifier à vous, même sur des détails. Ce sont de petits points communs qui permettent à la conversation de se dérouler et à la confiance de s'installer.

> >> **De votre côté :**

- Reprenez les formulations que vous avez compilées en échangeant avec votre focus group, en minant les forums, groupes privés, blogs, avis et commentaires clients...
- Cherchez particulièrement les phrases qui montrent ce qu'ils essaient de faire (pour arriver à concrétiser ce sur quoi porte votre travail), ce qu'ils en disent (quand ils en parlent), et ce qu'ils se disent mais qu'ils n'osent pas forcément dire tout haut.

Pour conclure : bloguer prend du temps !

C'est formidable, c'est épanouissant, mais aucun entrepreneur n'est payé pour le faire. Alors si le contenu de votre blog n'est pas stratégiquement pensé en fonction de vos objectifs de vente, vous passez à côté de bons résultats.

Et si vous avez *déjà* de bons résultats au niveau de votre CA, de vos prix, de vos clients : bravo ! Vous pouvez en avoir de meilleurs !

Mais bloguer n'est que la partie face, côté pile : **c'est par mail que ça se passe.**

Points-clefs et pistes d'action
Chapitre 16 — Comment utiliser son blog pour impacter ses ventes dans la Nouvelle Économie

Points-clefs :

- **Pendant des années, les blogs ont pu se rémunérer décemment grâce à la publicité et aux billets sponsorisés.** Mais ce modèle économique a fait son temps : il plaît de moins en moins aux lecteurs comme aux blogueurs qui peuvent aujourd'hui développer des sources de revenus plus épanouissantes, et plus libres.

- **Un blog efficace en termes d'impact sur les ventes ne se résume pas non plus à un calendrier éditorial bien rempli :** il y a un chemin à paver entre votre lecteur préféré et votre client préféré. Il a besoin de progresser sur ce chemin-là, grâce à vous.

- **Vous avez plusieurs types de clients potentiels :** dans le 1er cercle, le plus proche de vous, il y a ceux qui n'ont pas besoin de grand-chose pour devenir des clients réels. Il y a ensuite 4 autres types de clients potentiels, répartis en 4 stades, de plus en plus éloignés de vous et de votre travail.

- **Vous allez amener vos idées différemment dans vos articles** en fonction du stade où se trouve votre lecteur — client potentiel. En effet, vous pouvez avoir besoin de susciter son Attention, de garder son Intérêt, de provoquer le Désir de progresser ou de donner envie d'Agir.
- **Chacune de vos publications peut être utilisée pour faire progresser votre lecteur d'un stade à l'autre** et le transformer graduellement en client potentiel (ou le dissuader de travailler avec vous, si ce n'est pas la bonne personne !)
- **Des publications structurées de manière stratégique font le gros du travail de vente pour vous :** votre client potentiel est déjà en terrain connu quand il arrive sur la page de vente. Mais ne la négligez pas : c'est là que votre client potentiel prend sa décision finale !

Pistes d'actions :

- **Réfléchissez à vos idées de publications en fonction des étapes AIDA** pour préparer vos ventes à venir.
- **Quand vous avez votre idée d'article,** et que vous avez produit votre trame, reprenez les questions « comment écrire un bon article » pour vous assurer que vous partez bien dans la bonne direction et faire passer le message que vous voulez effectivement faire passer.

- **Vous voulez aller directement au plus simple, et au plus efficace ?** Consultez mes formations Blog Impact, Email Toujours, et Pages de ventes Efficaces.
- **N'oubliez pas que si les réseaux vous permettent d'écouter,** le blog vous permet de transformer vos lecteurs en clients potentiels. Ensuite pour les transformer en clients tout court, c'est essentiellement par mail que ça se passe !

Pour recevoir gratuitement les mises à jour et bonus actuels et à venir du livre, rendez-vous sur http://selmapaiva.com/lesbonusdulivre !

17.

Communiquer par mail à l'ère de la Connexion

La newsletter est l'outil par essence de la stratégie de contenu du nouveau web. C'est à la fois l'outil le plus recommandé et le plus mal utilisé à un point... qu'il n'y a pas de meilleure image que celle du « *face palm* » comme le disent si bien les Ricains !

C'est l'outil qui porte le plus à confusion sur le Web, parce que quand on développe son activité, ça rime forcément avec recherche de visibilité et que l'e-mail ne se voit pas. C'est la partie cachée de l'iceberg, avec un côté has been.

Il est moins « hype » qu'Instagram et Pinterest, plus vieux que Facebook. Il a l'air aussi frais qu'une momie à côté de Périscope, et il ressemble moins à une baguette magique que le référencement — forcément : le mail a un profil de dinosaure !

Le courrier a évolué depuis Jules César — mais pas tellement. Électronique ou non : on ne peut pas le présenter comme un outil révolutionnaire — ça fait même quelques centaines d'années qu'il a perdu l'attrait de la nouveauté ! Alors c'est plus facile de faire croire aux entrepreneurs que pour être visibles ils ont besoin du dernier réseau, de la dernière tactique à la mode.

Et puis le mail, c'est la partie invisible, l'huile de coude, le travail en coulisses : c'est tout sauf de la poudre aux yeux. On ne cherche pas fébrilement à s'adapter à un algorithme, à comprendre une nouvelle interface, un nouveau réseau. On fait ce qui marchait déjà au temps des pigeons voyageurs : on envoie un message directement au destinataire !

Car le vrai pouvoir du mail, c'est qu'il permet concrètement de transformer Internet en une table pour deux.

Il rend tout plus efficace, même les réseaux : si la conversation est ouverte et communautaire sur Facebook/Twitter/Pinterest/Instagram, ça reste de la surface.

Pour s'épanouir, s'étoffer, une relation humaine a besoin de se développer en tête à tête, et surtout en privé : grâce au mail, vous pouvez transformer vos admirateurs passifs et clients occasionnels en clients récurrents — vous entrez dans la zone où la magie opère.

Parce que les abonnés, les clics, les likes, même le trafic — et même une bonne stratégie de contenu sur un blog — tout ça c'est sympa, mais après ?

Comment les traduire en séances réservées, en demandes de devis, en commandes ? *Par mail.*

Le meilleur moyen de ne pas perdre son temps avec les réseaux sociaux, le référencement, le blog, c'est de les utiliser en complément de la communication par mail, en accordant la priorité au gâteau : le mail, sinon on collectionne de jolies cerises coûteuses, et sans grande utilité !

Voilà la vérité : vous n'avez pas besoin des réseaux sociaux, vous n'avez même pas vraiment besoin d'un blog.

Le seul outil dont vous ne pouvez pas vous passer : c'est le mail.

Si un grand cri mental s'élève en vous, s'il vous plaît relisez cette phrase... j'ai écrit que c'est le seul outil dont vous ne pouvez pas vous passer, pas que les autres ne servent à rien.

À commencer par le blog : le meilleur moyen que je connaisse de donner envie à quelqu'un de recevoir vos mails, c'est d'avoir du bon contenu sur votre blog.

C'est là que vous êtes chez vous, c'est le seul endroit où vos publications n'ont pas de durée de vie limitée et où elles ne sont pas filtrées par un algorithme.

C'est là aussi qu'article après article, vous devenez naturellement une référence : performance que vous pouvez aussi améliorer avec le référencement naturel.

Alors certes, on peut aussi recevoir vos nouveaux articles par flux RSS, mais si vous misez dessus, vous avez une épée de Damoclès au-dessus de la tête, ET un gros problème immédiat.

Commençons par l'épée de Damoclès : vous dépendez d'un agrégateur de contenu. Oui, Feedly est très pratique : mais pour combien de temps ? Souvenez-vous de Google Reader et de la panique qui a suivi sa disparition !

Si vous misez dessus pour que vos lecteurs reviennent, vous misez sur des sables mouvants, sans compter le problème immédiat : vous n'avez aucun moyen de contacter les personnes qui vous suivent en privé.

Or Internet est une table pour deux : le glas ayant sonné pour l'ère du haut-parleur, vos mails vous permettent aussi de mieux connaître vos abonnés, de tester vos idées, vos produits, vos services.

Le mail ? La partie cachée de l'iceberg

Le mail, c'est vraiment la partie cachée de l'iceberg.

Et bien sûr, quand on s'en sert maladroitement, on n'obtient pas de bons résultats.

Et les réseaux sociaux ? Ah ! Les réseaux sociaux. Ils ont toujours existé, comme nous avons vu. Ce sont aujourd'hui des outils formidables. Mais...

« Plus la communication se digitalise et passe par des canaux et des services numérisés, plus les

audiences ont besoin de savoir et de voir ce qu'il se passe derrière leurs écrans. »
— *Lætitia Faure sur Influencia*

Internet est une table pour deux (encore, je sais) : les relations se tissent en public jusqu'à un certain point. Après, on a besoin de se parler en privé : autour d'un café, par Skype ou par mail.

Ce n'est pas qu'un café ou un Skype marche moins bien, c'est que nous avons tous 24 h dans une journée, et un nombre de créneaux café/skype forcément limité.

Alors que le mail peut être reçu individuellement par un grand nombre de personnes en même temps : la relation d'individu à individu se duplique, sans perdre en qualité (d'autant qu'avec les fournisseurs de service mail pro, on peut de plus en plus segmenter ses abonnés en fonction de qui est intéressé par quoi et de qui a déjà acheté quoi pour une conversation mieux ciblée, plus intéressante !)

Le résultat ?

– Moins de 1 % des transactions commerciales proviennent des réseaux sociaux – Forrester Research, Mashable.
– Les taux de conversion par mail sont 40 fois plus élevés que ceux de Facebook et Twitter (Source : McKinsey)

- 66 % des clients ont acheté suite à une offre reçue par mail (Source : Direct Marketing Association, Hubspot). Ce qui veut dire que si vous n'utilisez pas le mail, vous passez à côté des 2/3 de vos ventes. On va vous suivre sur Facebook et Instagram, on va se promener sur votre blog et votre boutique mais c'est par mail qu'on achète.
- Mieux : les clients qui achètent par mail dépensent en moyenne 138 % de plus que ceux qui n'ont pas reçu d'offre par mail (Source : Convince&Convert)
- 81 % des acheteurs en ligne (aux US, ils sont toujours en avance là-bas) sont plus enclins à refaire un achat en ligne ou en boutique à la suite d'un mail basé sur leur achat précédent. — Harris Interactive

Pourquoi ça marche ?

Parce que le mail est l'outil préféré des humains !

Le mail a changé, mais c'est toujours *la* valeur sûre :

- Il reste de loin l'outil préféré des internautes, même pour les « *millennials* », cette génération qui n'a pas ou très peu connu le monde non numérique, et qui utilise plusieurs réseaux sociaux (Harvard Business Review)

- 111 jours de travail pleins par an sont consacrés aux mails – ça fait 9,25 jours de travail par mois consacrés aux mails, contre seulement 6 h 45 mensuelles consacrées à Facebook (Source : blog du modérateur) !

- 82 % des clients ouvrent les mails de marketing (envoyés par une marque, un entrepreneur, un prestataire, donc) Source : Litmus via GetVero

- 77 % des clients préfèrent recevoir des messages par mail plutôt que par texto (5 %) ou sur les réseaux sociaux (6 %) Source : Exact Target via Sales Force

- 71 % des gens checkent leur boîte mail au lit : 1ère action du matin ET dernière de la journée (Source : ExactTarget via Dream Grow).

- 91 % des gens consultent leurs mails au moins une fois par jour (Source : ExactTarget).

À titre de comparaison, vous pouvez espérer toucher globalement 9,3 % de vos fans avec vos publications Facebook : on ne parle même pas de lire ou de cliquer, juste de voir passer votre nom et votre publication ! *(Source : Jon Loomer).* Si vous avez

1 000 fans sur Facebook : en moyenne, ils sont 93 à voir passer votre publication, au lieu de 910 si vous leur envoyez un mail.

Bien sûr, il y a aussi les mails que personne n'aime recevoir : les newsletters.

Les newsletters ne marchent pas parce qu'elles représentent tout ce qu'on n'aime pas.

Quand j'ai écrit « Envoyer une newsletter, laissez tomber ! » pour Webmarketing&Co'm, le sujet a provoqué une levée de boucliers dans les commentaires — et des applaudissements par mail et sur les réseaux sociaux.

Bien sûr, le titre était volontairement provocateur... mais vous — rassurez-moi — vous êtes trop fin-e pour tomber dans le panneau !

C'est Didier Grapeloup *@DidierGlp,* quand il a partagé l'article, qui a le mieux résumé le message, en moins de 140 caractères :

> *« Laissez tomber votre newsletter*
> *si elle n'est pas pensée #UX »*

UX ? User Experience. Expérience utilisateur, dans le jargon des passionnés du webmarketing version être humain.

L'UX est généralement associée aux logiciels, au design des interfaces, mais au fait, comment ils s'y prennent, ceux qui designent des interfaces ?

Vous allez voir que l'approche est la même pour Hugo Vermot, de chez NewFlux, vive le Web orienté client !

*« Le plus efficace reste **la rencontre humaine** servant à établir une interview structurée et dirigée en fonction des zones troubles qu'il faut éclaircir. Pour démarcher des utilisateurs en face à face, il faut beaucoup de temps (donc de présence humaine) et établir une recherche en amont pour convenir d'un point de rencontre. Ceci n'est donc pas évident bien que totalement gratuit, si ce n'est le prix d'un café. »*

Ah ! Le café ! La table pour deux ! Mais encore ?

« L'article ici parle de méthodes peu coûteuses, ainsi il est conseillé de préférer la méthode traditionnelle. C'est-à-dire qu'il faut récupérer des adresses e-mails, poster sur des groupes ou pages et toquer à la porte d'influenceurs correspondant à votre cible. »

Exactement ce que je vous conseillais de faire pour connaître votre focus group sur le bout des doigts.

Continuons avec les conseils de NewFlux, pour la phase test :

« Plus les tests sont faits à des étapes avancées du projet, plus les résultats seront évoquants. En revanche, les changements qu'impliqueront ces remarques seront d'autant plus coûteux aussi bien

en temps qu'en terme d'argent. C'est pourquoi il est astucieux de tester des interfaces avec des prototypes animés ayant un design élaboré, de sorte que le **testeur se projette facilement et navigue en condition réelle.** *»*

Quand je vous disais de tester vos idées avec des pages ou des mails de ventes avant de consacrer des mois et des milliers d'euros à les développer !

Si vous n'avez pas encore eu de bons résultats par mail, s'il vous plaît ne tirez pas sur le pianiste ! Pour avoir de meilleurs résultats, optez pour une nouvelle approche.

Pour créer une bonne expérience pour vos clients : commencez par vous demander ce que l'expérience va lui permettre de concrétiser.

En d'autres termes : qu'est-ce que vous lui promettez ? *« Inscrivez-vous à la newsletter »,* *« Recevez les actualités »,* ce n'est pas une promesse.

« Recevoir les offres spéciales en avant-première » OK, c'en est une, mais c'est maladroit : on ne vous connaît pas, ce n'est pas encore le moment d'évoquer une transaction financière !

Des exemples tirés des blogs de 5 collègues rédacteurs sur Webmarketing & co'm, le super site de Sylvain Lembert :

- Triplez vos tarifs, chez Sophie Gautier
- Comment écrire des titres qui attirent les clics, chez André Dubois

- Comment lire dans les pensées de ses clients pour vendre mieux, chez moi !
- La recette pour lancer votre start-up, chez Rémy Bigot
- Trouve ton idée de business profitable — 7 leçons et cahier d'activités par mail, chez Haydée et Tony de Travelplugin

> >>> **Et vous ?** Pour quelle bonne raison est-ce qu'on pourrait vous laisser une adresse mail ?

Continuons : maintenant que vous avez le mail de votre interlocuteur, où trouver des idées de contenu à lui envoyer ?

Repensons au story telling : vous faites partie de l'histoire, mais vous n'êtes pas le personnage principal.

Imaginons que ce n'est pas le scénario d'un film que vous écrivez, plutôt une série d'épisodes.

Pour commencer, tout le monde est trop occupé pour vous écouter. Tout le monde : à 6 ans, c'est déjà comme ça, le cerveau est toujours partisan du moindre effort.

On peut aimer apprendre (c'est mon cas, point fort détecté, je m'ennuie mortellement si je ne suis pas en train d'apprendre), mais le processus n'est jamais confortable.

Même quand on est motivé, quand on a envie d'apprendre quelque chose de nouveau, de mettre en place de nouvelles habitudes, ce n'est pas facile entre autres parce que c'est laborieux.

Du coup, on s'accroche à ce qu'on croit savoir, pour se simplifier la vie sur le court terme.

Au CP, vous avez appris les dizaines et les unités. Si ça vous semble couler de source aujourd'hui, je vous promets que quand vous aviez 6 ans, ça n'avait rien d'évident.

Dans notre système, on compte en base 10. Pour nous aider à nous mettre à la place de nos élèves (je fus enseignante dans une vie antérieure), j'ai eu une prof formidable qui nous a obligés à apprendre à compter en base 3, en base 5 — gaaaa !

Essayez, vous verrez pourquoi c'est dur quand on est petit.

Bon vous, adulte, vous savez que c'est indispensable que vos enfants apprennent à compter. Mais eux : zéro motivation à la base. Normal : ils ont dix doigts à portée de main, ils arrivent à s'en sortir jusqu'à 30, 40 ou 50 — pourquoi se prendre la tête avec la technique de l'addition ?

On est d'accord, il y aura toujours 2–3 enfants qui comprendront l'intérêt avant les autres (vos *early adopters* !), mais les autres ?

Pour les autres, la solution au problème est différente de celle que vous avez en tête parce qu'ils n'ont pas correctement identifié le problème.

Alors ils vont mettre en place des stratégies qui partent de ce qu'ils savent déjà faire pour s'en sortir *sans* ce que vous voulez leur apprendre.

Et vous, enseignant, vous faites quoi ? Vous les mettez en situation où ils vont avoir envie de compter quelque chose (les bonbons de la kermesse !) mais vous vous arrangez pour que ce quelque chose soit en trop grande quantité pour qu'ils s'en sortent avec leurs techniques habituelles, hé hé.

Résultat : vous renversez leur a priori.

Résultat du résultat (!) : maintenant, ils sont prêts à vous écouter.

Objectif de la 1ère étape : atteint.

C'est pareil pour vos clients — mais là le pédagogue, c'est *vous* : avec un objectif général pour la fin de la séquence de contenu, et un objectif spécifique pour chaque étape du parcours de publication.

Et le contenu de chaque étape, vous allez le préparer en fonction du message que vous voulez faire passer, bien entendu, mais aussi en fonction des obstacles possibles.

Selon ce que vous faites, les obstacles peuvent être techniques, culturels, émotionnels, relationnels et se trouvent toujours SOUS la surface : vous ne pouvez ni les inventer, ni les deviner !

Ces obstacles, vous ne pourrez ni les inventer, ni les deviner.

Que vous pensiez savoir ce qui bloque vos futurs clients (et il y a forcément quelque chose qui les bloque, sinon ils seraient déjà vos clients), ou que vous pensiez n'en avoir aucune idée : n'optez pas pour la boule de cristal.

Devenez détective, écrivain, testeur : écoutez votre audience avant de développer une idée, puis écoutez-la encore quand vous faites tester votre idée par « un échantillon représentatif de la population concernée ».

Ensuite, continuez à écouter parce que vous évoluez, vos interlocuteurs aussi : Internet est une table pour deux, et c'est dans la conversation avec de « vrais gens » que vous arriverez à trouver comment faire la connexion entre ce qui se passe dans leur tête et dans la vôtre.

Et pour les faire progresser étape par étape, vers la destination que vous avez choisie pour eux : tenez compte de là où ils en sont quand vous préparez le contenu que vous leur envoyez.

Tenir compte de là où ils en sont ? Quand nous avons vu comment structurer la stratégie de contenu sur votre blog, nous avons vu que vos lecteurs se trouvent dans l'un des 5 cercles concentriques, et que c'est au moment où ils ont progressé jusqu'au dernier qu'ils sont devenus des clients potentiels.

Que se passe-t-il pour eux, dans chacun de ces cercles ?

Heureusement pour nous, Eugene Schwartz les a détaillés… en 1966 — quand je vous disais que le web était un retour dans le passé !

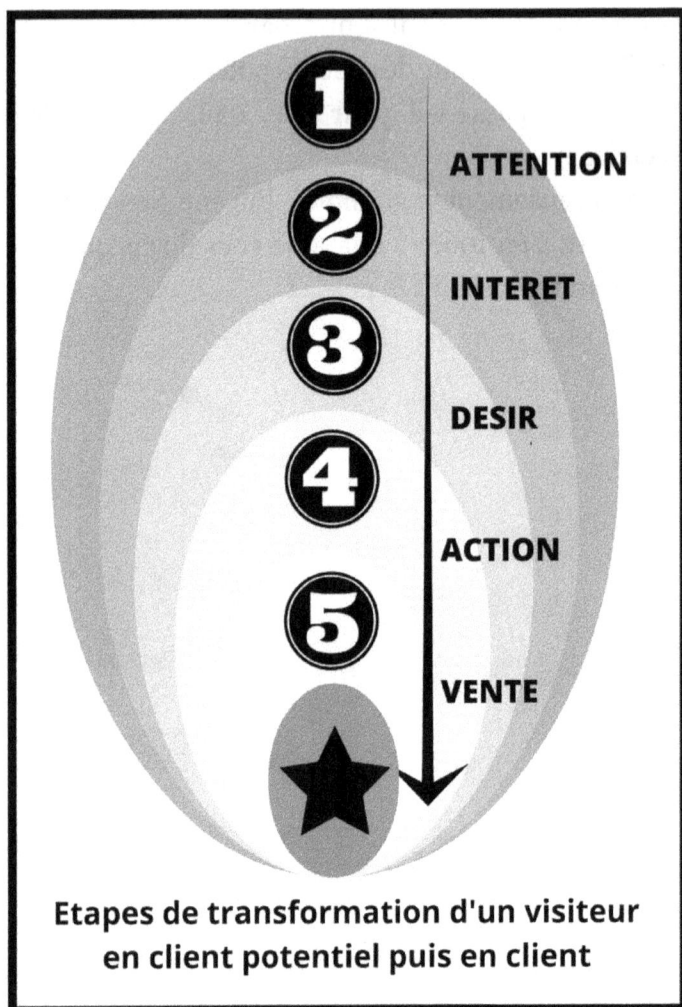

1 ATTENTION

2 INTERET

3 DESIR

4 ACTION

5 VENTE

**Etapes de transformation d'un visiteur
en client potentiel puis en client**

Reprenons ces stades ou cercles en commençant par le cercle le plus éloigné de vous et de votre travail :

- **Cercle 1 :** Votre lecteur n'a pas conscience de son problème, ni de la solution par conséquent, il ne vous connaît pas non plus : vous avez besoin qu'il vous accorde son attention vu qu'il n'a aucune raison pour l'instant de vous écouter !
- **Cercle 2 :** Votre lecteur a conscience du problème, mais pas de la solution. Vous avez son attention, maintenant vous avez besoin de la garder — faites preuve d'empathie. Attention à utiliser leurs mots à eux, leur formulations à eux pour décrire ce qui leur pose problème et faire le lien avec la vision, la solution que vous avez en tête pour eux : ils sont conscients du problème, pas encore de « comment s'y prendre pour y arriver ». Il est encore trop tôt pour les envoyer vers votre page de vente, de commande, de réservation, etc. ! On va être enclin à vous suivre sur les réseaux sociaux, pas encore pour l'achat, et même parfois pour l'abonnement par mail.
- **Cercle 3 :** On se rapproche ! Ce lecteur a conscience de la solution : vous avez attiré son attention, et il est conscient de ce qui lui pose réellement problème. Vous avez piqué son intérêt, il arrive à envisager ce qui est possible. C'est donc le stade où il comprend vraiment quelle est la solution au problème MAIS il hésite

sûrement entre plusieurs solutions, dont la vôtre.

- **Cercle 4 :** On se rapproche encore... votre lecteur a conscience de votre produit comme solution à ce qui lui pose réellement problème. C'est là que vous, votre personnalité, et votre manière de voir les choses vont particulièrement compter. On a confiance en vous à ce stade, le principal obstacle du lecteur, c'est lui-même. Avant d'être prêt à travailler avec vous, il a besoin de comprendre pourquoi vous êtes la bonne personne pour l'aider. À ce stade, vous allez prouver ce que vous dites, pour qu'on se sente particulièrement en confiance.

- **Cercle 5, le dernier :** cette fois, votre lecteur a tout compris ! Il sait quel est son problème, quelle est la solution à son problème, et il vous a identifié comme étant la personne qui lui correspond pour résoudre ce qui le gêne et concrétiser ce qui lui fait envie. Il a déjà sacrément progressé grâce à votre contenu depuis le début du voyage. C'est le stade où vous pouvez passer concrètement à la vente de ce que vous avez à vendre : je vous avais bien dit que 80 % de la décision était prise avant d'arriver sur la page de vente !

Les 20 % restants sont très importants bien sûr : une page de vente bancale, des mails mal ficelés, trop agressifs ou trop rares, vous passez à côté des 3/4 de vos ventes.

Et pour l'instant, vous n'êtes pas encore passé à la vente : les 20 % du travail lié à la vente elle-même sont donc capitaux, même si le contenu préparatoire est réussi. C'est avec une série de mails dédiés spécialement à la vente que nous avons multiplié par 15 les ventes d'Anne Solange pendant son lancement (Le travail sur la page de vente ayant compté aussi, puisqu'il a multiplié par 4 le taux de conversion de la page en question).

En suivant ma formation Email Toujours, Hélène a multiplié par 3 sa liste d'abonnés, et les ventes de son livre. (En retravaillant ensuite sa page de vente avec moi par la suite, elle les a encore augmentées de 200 % !) Thia Economou, directrice artistique ayant également suivi mes formations, a elle aussi quadruplé ses ventes initiales d'un nouveau patron avec une série de mails bien ficelés (auprès d'abonnés déjà bien préparés par le contenu de son blog). Et vous ? À quoi ressemblerait votre activité avec une bonne stratégie de contenu ?

Vendre mieux, c'est bien, mais ce n'est pas la seule promesse d'un contenu réussi : vous pouvez l'utiliser aussi pour **développer votre réseau et votre visibilité** !

Points-clefs et pistes d'action
Chapitre 17 — Comment communiquer par mail à l'ère de la Connexion

Points-clefs :

- **L'email ne se voit pas :** c'est la partie cachée de l'iceberg, il n'a rien de moderne, ce qui ne le rend pas très attrayant face aux nouveautés... son retour sur investissement est malgré cela 40 fois supérieur à celui des réseaux sociaux !
- **C'est pourtant le seul moyen d'envoyer un message long directement** au destinataire, et en privé, permettant à la conversation et à la relation de se développer.
- **En vérité, vous n'avez pas vraiment besoin des réseaux ni même de blog.** Bien sûr, ces outils facilitent la tâche, mais le seul dont vous ne pouvez pas vous passer, c'est le mail.
- Le mail reste l'outil préféré des internautes, toutes générations confondues. C'est par mail essentiellement que les clients achètent ET préfèrent acheter.

Pistes d'action :

- **Accordez la priorité** au développement de votre base mail et aux relations avec vos abonnés

- **Comme pour votre blog,** utilisez vos mails pour accompagner vos lecteurs et les transformer en clients potentiels en les aidant à dépasser un obstacle après l'autre, en les guidant d'un stade à l'autre.

- **Selon ce que vous faites,** les obstacles peuvent être techniques, culturels, émotionnels, relationnels et se trouvent toujours SOUS la surface : vous ne pouvez ni les inventer, ni les deviner ! S'il vous manque des données, programmez quelques échanges/RV avec les personnes concernées.

- **Le contenu de chaque publication,** vous allez le préparer avec la méthode AIDA, en fonction du message que vous voulez faire passer, compte tenu des obstacles possibles et du cercle ou stade dans lequel se trouve votre interlocuteur.

- **Pour apprendre** comment nourrir une relation client par mail, comment construire une séquence de mails à moyen et long terme pour vendre vos offres phare, ou à court terme pour des techniques de génération de revenus rapides: rendez-vous sur *selmapaiva.com/formations*.

Pour recevoir gratuitement les mises à jour et bonus actuels et à venir du livre, rendez-vous sur http://selmapaiva.com/lesbonusdulivre !

18.

Développer son réseau et sa visibilité : nouvelle donne et retour aux sources

« Le social selling et les réseaux sociaux physiques
ont été utilisés depuis toujours en vente.
Et les nouvelles technologies ne doivent pas nous
faire oublier qu'elles ne changent en rien à ce qu'a
été la vente depuis toujours ; au contraire elles nous
ramènent aux sources. »
— Jean-François Messier

Bloguer est une démarche formidable, épanouissante, qui vous fait progresser, qui fait progresser vos clients, qui impacte vos ventes MAIS... ce n'est pas publier des articles *en soi* qui génère du trafic ou qui développe un réseau — sauf si ces intentions font partie de votre intention à la base, au moment où vous écrivez puis publiez vos articles.

Le SEO, la solution ?

Le trafic potentiel venant de Google fait rêver — et on passe des heures à travailler son référencement naturel.

Est-ce que c'est effectivement une solution pour développer sa visibilité ? Si oui, est-ce que ça permet d'éviter de travailler sa stratégie de contenu ?

Oui et non !

Médias sociaux et SEO — Choblab.com

Valérie Payotte explique qu'on peut améliorer sa position sur Google de 2 manières : en payant via Adwords, et en travaillant son référencement naturel.

Certes, payer permet d'avoir une bonne position pour un site qui débute et qui n'apparaîtrait pas autrement MAIS quand on arrête de payer, on n'est plus référencé.

D'où l'importance de travailler son contenu, d'écrire des articles intéressants ! Au bout de combien de temps est-ce qu'on peut voir des résultats avec son SEO ? 6 mois, écrit Valérie, si on part bien des problématiques et questions de sa cible (décidément, écouter et analyser, ce n'est pas une option, quel que soit l'outil choisi !).

6 mois, donc, avant de récolter les fruits de son dur labeur en SEO : ça peut passer vite, mais encore faut-il connaître suffisamment bien ses lecteurs pour choisir les bons mots-clefs et savoir comment s'y prendre techniquement, ce qui est loin d'avoir l'air évident !

« Les experts SEO le savent : les algorithmes des moteurs de recherche prennent en compte quelque 200 critères pour le référencement des sites.
Vous avez déjà conduit une voiture qui serait munie de 200 commandes ? »
— Alexandra Martin

Alors comment faire ? Et bien ne pas en faire trop :

« Je me suis rendue compte que les blogs basiques pouvaient attirer des milliers de lecteurs. Inutile de tout sur-optimiser, il faut se contenter de faire ce qu'il faut pour notre ami Google sans oublier que ce sont de vraies personnes qui vont nous lire. »
— Julie Pezet

Il ne s'agit donc pas de plaire à Google, mais de plaire à Google ET à vos lecteurs potentiels : ce sont eux qui vont taper les recherches, cliquer les liens qui amènent chez vous...

Alors ? En attendant le retour sur investissement de votre SEO, optez pour la générosité.

Optez pour la générosité

Optez pour une attitude de générosité, mettez les autres en avant : comme l'explique Xavier Jaleran, publier un podcast mettant en avant des personnes compétentes dans leur domaine, qui avaient déjà une audience, c'est ce qui lui a permis d'en apprendre beaucoup sur le webmarketing, mais c'est aussi ce qui lui a permis de développer son réseau, et sa visibilité.

Et il n'y a pas que les podcasts !

Rémy Bigot publie régulièrement des vidéos sur YouTube et des live sur Facebook où il fait intervenir des collègues.

Emmanuel Chila, consultant en prise de parole et en réseaux sociaux utilise Périscope.

Et le dynamique styliste d'entreprise Cédric Debacq prépare régulièrement des articles collaboratifs sur son blog.

Dans votre domaine, vous pouvez aussi trouver des sites, des blogs, des magazines en ligne qui acceptent des contributeurs : vous pourrez y publier des articles pour développer votre réseau et votre visibilité.

> >>> **À vous :** reprenez les listes Twitter dont nous avons parlées dans la partie 2. Quelles sont les personnes dont les approches vous intéressent ? Partagez leur contenu, faites référence à leurs articles dans les vôtres, citez-les, écrivez-leur, invitez-les chez vous !

Bémol : les réseaux sociaux, les articles invités et les contenus réalisés à plusieurs peuvent être formidables pour vous si vous ne fonctionnez pas... comme une passoire virtuelle !

Ne soyez pas une passoire (virtuelle)

Une passoire virtuelle ? Et oui : si vos publications sur les réseaux sociaux ne ramènent pas sur votre blog, et que les publications sur votre blog ne nourrissent pas votre liste de mails, vous Biiip–ez dans un violon.

Tout simplement parce que vous n'avez aucun moyen fiable pour continuer à communiquer avec les personnes intéressées par votre contenu, et encore moins pour les préparer à ce que vous avez à vendre !

Pour l'instant, vous communiquez essentiellement sur les réseaux sociaux et vous avez de bons résultats ?

Bravo ! Mais rappelez-vous que le ROI du mail est environ 40 fois supérieur à celui des

réseaux : si vous avez déjà de bons résultats sans l'utiliser, imaginez les résultats que vous pouvez obtenir si vous apprenez à bien vous en servir !

Nous avons vu que le travail en coulisses nécessaire pour votre stratégie de contenu vous permet aussi d'être plus efficace au niveau de votre référencement — mais ce n'est pas tout !

La démarche peut vous aider aussi pour vos réseaux sociaux.

« Au début de l'histoire, les femmes et les hommes achètent à des femmes et des hommes. Le tsunami des réseaux sociaux ramène le "social selling" à ses valeurs d'origine. »
— Jean-François Messier

Focus sur Pinterest et Twitter

Communiquer, ce n'est pas crier plus fort que les autres à propos de ses produits et services : il y a une plate-forme où ça se voit encore plus que sur les autres, c'est Pinterest.

Sur Pinterest, vos abonnés peuvent choisir de suivre vos tableaux séparément, en fonction de leurs intérêts.

Alors : qu'est-ce qui les intéresse ? Qui sont-ils ? Pinterest nous oblige à voir nos abonnés comme les individus qu'ils sont, dans leur vie de tous les jours, et pas uniquement comme une cible commerciale.

Et pour réussir vos tableaux, Mary Lumley vous invite à vous poser les questions suivantes :

Ont-ils des craintes et des frustrations que vous pourriez aborder ?

Qu'est-ce qu'ils apprécient le plus par rapport à ce sujet ?

Quels sont les objectifs qu'ils vont atteindre avec votre produit ou service ?

Qu'est-ce qui les passionne le plus par rapport à ces objectifs ?

Comment pouvez-vous les aider à atteindre ces objectifs et ces passions ?

Y aurait-il d'autres centres d'intérêt que votre cible serait susceptible de partager ?

Sont-ils plutôt économes, aisés ? Ont-ils plutôt l'esprit conservateur ou novateur ?

Partagent-ils une vision du monde qui résonne avec la vôtre ?

Des tableaux bien pensés sur Pinterest, ce sont des épingles qui seront « repinnées » par vos abonnés, et mise en avant pour vous par la plate-forme via des suggestions dans le *feed,* mais aussi à côté de chaque nouveau pin ou tableau choisi et par mail !

Et comment avoir un compte intéressant sur Twitter ?

La différence avec d'autres réseaux comme Facebook ou LinkedIn, c'est que Twitter permet de discuter avec des personnes qu'on ne connaît pas du tout : les tweets défilent sans filtres, ce qui peut être déroutant au premier abord !

« Il est important de se rappeler que Twitter est un réseau social car souvent les commerçants et les marketeurs oublient ce côté social et interactif. »
— Andréa Gaillet

Et oui : Internet est une table pour deux, et particulièrement sur Twitter où nous pouvons lire, partager le contenu de personnes que nous ne connaissons pas encore forcément.

C'est la plate-forme où il est le plus facile de rencontrer de nouvelles personnes : en 280 caractères, on ne peut pas faire de grandes phrases, c'est aussi avec cette contrainte que la personnalité ressort. Les tweets défilent, alors on filtre : si un compte publie essentiellement à propos de ses produits et services... devinez quoi ? On ne le suivra pas !

Écrire de bons articles pour votre blog comme nous avons vu vous permet d'avoir du contenu à partager sur les réseaux sociaux qui 80 % du temps apportera de la valeur à votre audience, sans mentionner votre travail directement. Forcément, on sera plus disposé le reste du temps à lire les publications relatives à votre offre.

La principale erreur à éviter sur Twitter ?

« Ne pas choisir un public cible. Avoir une idée claire de votre auditoire, de ses désirs et de ses besoins est essentiel pour capter son attention. »
— Andréa Gaillet

Comme vous pouvez le constater, retrousser vos manches pour jouer au détective-écrivain avec votre focus group préféré ne vous aidera pas seulement pour votre blog : capitalisez aussi sur cette démarche pour développer votre visibilité sur les réseaux sociaux !

Dans tous les cas, évitez le mauvais marketing !

Internet est une table pour deux : c'est valable pour différents types d'interlocuteurs, pas que les clients — les partenaires aussi !

Je m'explique.

Vous connaissez le principe de l'affiliation ? Vos affiliés sont des apporteurs d'affaires : ils touchent une commission sur ce que vous vendez aux personnes qu'ils vous ont présentées.

Jusque-là : très bonne idée que de s'entraider mutuellement. Si vous êtes fleuriste, et que vous appréciez le travail et la personnalité du photographe Bidule : vous le recommandez à vos clients, et tout le monde y gagne — formidable.

Le problème, c'est quand ça ne passe pas comme ça, même quand il n'y pas d'argent directement à la clef, mais de la visibilité — lisez les conseils publiés par la blogueuse culinaire Anne Lataillade, de Papilles et Pupilles : vous verrez que 90 % des gens qui contactent un blogueur n'ont pas compris qu'il y avait une vraie personne de l'autre côté de l'écran !

C'est valable aussi pour les journalistes : je compatis sincèrement à l'idée de la masse de mails et de sollicitations mal ficelés qu'ils reçoivent.

Un exemple : il y a quelque temps, je reçois un mail de la part d'une personne que je ne connais pas. Elle me propose de vendre la formation de son client en échange d'une commission — la rémunération des affiliés est très élevée, et ce monsieur a l'habitude de générer des millions.

En plus, si je vends bien son produit, j'aurai le droit à des cadeaux supplémentaires allant de l'ordinateur à la grosse voiture. Ah oui quand même !

Je vais voir la page de vente en question : pas d'infos sur le contenu de la formation à vendre. Alors je demande si je peux y jeter un œil : avant de recommander le travail de quelqu'un que je ne connais pas, j'ai quand même besoin de savoir ce qu'il vend. Si je suis emballée par son contenu, je serais ravie de devenir affiliée.

On me répond que non, ce n'est pas possible : ce monsieur n'offre pas d'accès au produit à ses affiliés.

Une voiture oui, mais vérifier le contenu de la formation, non. C'est ce qui s'appelle du *mauvais marketing*.

*« Il faut créer de la relation sincère
avant toute chose. »
— André Dubois*

Développer son réseau autrement, c'est possible aussi, et heureusement. Bien sûr que ça demande de l'huile de coude, mais André a généreusement détaillé sa méthode ici *traficmania.com/comment-augmenter-trafic-blog/* — profitez-en !

Pour finir, nous avons vu que le web est devenu le terreau idéal du Personal Branding.

Voyons maintenant comment utiliser votre contenu pour **vous démarquer.**

Points-clefs et pistes d'action
Chapitre 18 — Développer son réseau et sa visibilité : nouvelle donne et retour aux sources

Points-clefs :

- **Le référencement naturel** ne signifie pas plaire à Google ! Il s'agit de plaire à Google ET à ses lecteurs potentiels.
- **Pour éviter de dépendre d'un référencement payant, la démarche implique une bonne connaissance de ses clients**, et la publication d'articles intéressants pour eux.
- **Il faut compter 6 mois** pour voir les résultats d'une démarche de référencement qui est basée sur la publication de contenu pertinent et ne dépend pas de la publicité.

Pistes d'action :

- **Consacrez-vous à une bonne connaissance de vos clients dans un premier temps**, avant de choisir les mots-clefs pour optimiser votre site.
- **En attendant les résultats de votre travail en référencement :** optez pour la générosité,

publiez du bon contenu, partagez celui des autres, développez votre réseau. Ensuite, continuez !

- **N'oubliez pas,** quels que soient les outils choisis de les orienter vers le développement de votre base mails.
- **Si vous utilisez Pinterest :** améliorez ou créez vos tableaux en vous posant les bonnes questions sur vos clients
- **Si vous utilisez Twitter :** faites une liste de comptes et de sites intéressants du point de vue de vos lecteurs, et partagez ce contenu-là, avec un mix de conseils, de lecture, et d'humour 80 %.
- **Un outil comme Buffer** vous permet de programmer facilement les tweets que vous envoyez pour éviter d'en faire partir une flopée d'un coup, au moment où vous avez un créneau surf/lecture et que vous trouvez plein d'articles à partager !

Pour recevoir gratuitement les mises à jour et bonus actuels et à venir du livre, rendez-vous sur http://selmapaiva.com/lesbonusdulivre !

19.

Se démarquer

« L'innovation n'est pas une valeur, ce n'est qu'un buzz word. Car qui est de l'autre côté ? Qui va brandir une pancarte "Ici, nous n'innovons pas !" ? »
— Oussama Amar, The Family

Impossible de se démarquer en proclamant *« Je suis le premier »*, *« Je suis le meilleur »*, *« Je suis l'idée originale »* ou *« Moi, j'innove »*, car comme le dit Oussama Amar : ce n'est pas une valeur !

Une valeur a un opposé — une autre valeur — qui peut être brandie par quelqu'un d'autre — or personne ne va écrire *« Je suis le dernier »*, *« Je suis le plus mauvais »* ou *« Ici nous n'innovons pas »* !

Un lecteur ne cherche pas à trouver le coach, le prestataire, le vendeur qui est n° 1 sur son créneau. Ce qu'il cherche vraiment, c'est la personne dont le travail va lui permettre de résoudre ses problèmes, de concrétiser ses aspirations.

Alors à compétences égales, à produits/services similaires, qu'est-ce ce qui va vous démarquer ?

Il y a un large éventail de points, de détails, de choix pour faire la différence, et le ciment de tout ça, pour ne pas y aller par quatre chemins : c'est vous, ce que vous apportez de différent à la clientèle que vous ciblez.

Vous voulez que ce soit vous, n'est-ce pas ? Le prix par exemple, peut être un élément, mais nous n'avons pas envie ici que vos clients vous choisissent parce c'est moins cher chez vous que chez le voisin !

Vous avez peut-être envie qu'on vous choisisse parce que ce que vous faites c'est « mieux », mais encore une fois, c'est très subjectif, alors capitalisons sur cette subjectivité-là !

Pour capitaliser sur cette subjectivité, nous avons évoqué plusieurs points : votre concurrence, vos clients, et vous !

En ce qui vous concerne : voyons comment vous y prendre – qu'est-ce qui fait que vous êtes qui vous êtes aujourd'hui ? Votre parcours, vos goûts, votre personnalité, votre style.

Votre parcours

J'entends régulièrement : *je ne vois pas pourquoi mon parcours intéresserait mes clients...* Alors prenons l'exemple de Christelle Bourgeois. Christelle a quitté la Picardie, le latin et le grec pour aller s'installer en Angola suite à l'expatriation de son mari. Comment continuer à travailler ? Elle a développé son activité en ligne : elle fait des sites

Internet pour les entrepreneuses qui veulent sublimer leur contenu sur le web, quelle bonne idée !

La réalité de l'expatriation touche beaucoup de femmes : le conjoint a un poste à Houston, à Hong Kong, on a soif d'aventure (ou tout simplement, on est amoureux !), on suit. Quid de l'évolution professionnelle ?

Rares sont les compagnes qui n'ont pas envie de travailler : elles aussi, elles ont fait des études, elles travaillent, mais à l'autre bout du monde, comment faire ?

Comme Christelle Bourgeois, comme Delphine Boileau-Terrien : elles créent leur propre activité.

Alors si vous êtes dans cette situation, entre 2 coachs, entre 2 webdesigners : laquelle allez-vous choisir ? Celle qui travaille à Paris/Lyon/Brest ou bien celle qui est expatriée *comme vous* et avec qui vous avez d'autres sujets de conversation que WordPress ou le marketing ?

Nous sommes d'accord.

S'appuyer sur son parcours n'est pas toujours évident car les entrepreneurs ont souvent une dimension autodidacte, *« ce complexe bien français »*, dit Bérangère Touchemann.

Le paradoxe, c'est que nous admirons les autodidactes (Steve Jobs, pour ne citer que lui)... mais l'importance accordée aux diplômes est plus importante chez nous que dans d'autres cultures. Celle accordée aux échecs aussi !

Alors bien des entrepreneurs rêvent de pouvoir écrire sur leur page à propos que ce qu'ils font aujourd'hui, c'était un rêve de gosse. Qu'ils l'ont toujours su, et que leur entourage les a toujours encouragés. C'est beaucoup moins enthousiasmant d'écrire *« J'ai commencé par tel métier, et ça ne m'a pas plus du tout »*, *« Aujourd'hui je suis photographe, mais je n'ai jamais fait d'école de photo »*, *« Je suis graphiste, mais je me suis formé sur le tas »*, *« Je suis business coach, mais je n'ai jamais fait d'école de commerce »*.

Et comme l'explique Florence Servan-Schreiber dans 3 kifs par jour : **le syndrome de l'imposteur se déplace en même temps que nous !** Donc même si on coche bien toutes les cases qu'on pense indispensables, quitte à retourner se former : on va toujours trouver quelqu'un de plus jeune (qui doit sûrement être plus dynamique), de plus âgé (qui doit sûrement avoir plus d'expérience) etc. etc.

Résultat : tant qu'on n'est pas à l'aise avec son parcours, on se cache en ligne, là où justement on aimerait être visible, le comble !

Alors on ne met pas son prénom – nom sur son site, et on ne veut surtout pas s'en servir comme URL. On écrit au pluriel, même si on est seul aux manettes. On utilise le nom de sa marque au lieu du sien sur les réseaux sociaux, on se cache derrière sa propre page à propos.

Mais comme l'a si bien dit Fadhila Brahimi :

« *L'organisateur d'un événement, un journaliste ou un blogueur interviewe celle et celui qui incarne l'entreprise : donc Vous !* »

Votre parcours raconte une histoire

Cette histoire est un message à faire passer : ce message, c'est votre force. La difficulté vient du fait que ce message ne se dégage jamais tout seul.

Arriver à le formuler ce n'est pas être capable de vous raconter en mode CV historique, mais voir ce que ce parcours apporte de particulier à vos abonnés, à vos lecteurs, à vos clients : prenez le temps de chercher !

Simple ne signifie pas facile : la démarche implique de retourner fouiller des épisodes que l'on préférerait laisser pliés maintenant qu'on est passé à autre chose. Quant à ce qu'on a réussi... est-ce que ça se fait vraiment, de le mettre en avant ? Est-ce qu'on ne donne pas l'air de rouler des mécaniques ?

Je ne pointe personne du doigt : je suis passée par là. Aujourd'hui, si je peux dire pourquoi je fais ce que je fais, et en quoi je puise dans chacune de mes expériences passées, de mes problématiques passées, c'est parce qu'en rédigeant un CV, en préparant un entretien de motivation, en répondant à des interviews : j'ai été obligée de réfléchir, d'écrire, avec une date butoir, alors je l'ai fait !

>>> **Maintenant, à vous :**

- Quels sont les 3–5 éléments de votre vécu qui font de vous la personne que vous êtes devenue aujourd'hui et qui impactent votre vision des choses, votre manière de travailler ?

- Certains de ces éléments peuvent être des épreuves : si c'est le cas, ne parlez d'un obstacle qu'une fois qu'il est surmonté et que vous pouvez en parler de manière constructive pour montrer ce qui est possible, guider, inspirer votre audience comme l'a si bien fait Céline Boura.

- Les difficultés ne sont pas les seuls éléments à partager, heureusement ! Quels sont vos épisodes de vie qui jouent sur la manière dont vous voyez les choses, la manière dont vous travaillez ? Vous vous souvenez quand je vous parlais de la médina de Fez ? C'était un choix pour illustrer une idée en s'appuyant sur mon parcours.

Mentionnez votre vécu dans vos articles !
Investissez votre parcours pour accentuer le

contraste, montrer l'impact sur qui vous êtes devenu, la manière dont vous travaillez, et ce que ça change pour vos clients !

Vos goûts

Votre parcours n'est pas le seul élément qui vous différencie, il y aussi vos goûts — les partager amène une autre dimension à la relation commerciale, une relation d'individu à individu.

>>> Alors, qu'est-ce qui vous plaît ?

- Quels sont vos livres, vos films préférés ? Vos musiques préférées ? Les 5 marques qui vous plaisent le plus ? Celles que vous achèteriez si ce n'était pas une question de moyens ?

- Ensuite, creusez : qu'est-ce que ça dit sur vous, vos aspirations, votre vision du monde ? En quoi ça joue sur votre travail ?

- Faites cette liste de goûts, choisissez ce que vous allez partager de vous, puis, quand vous écrivez vos articles, piochez dedans pour illustrer vos idées, donner des exemples, des images, des métaphores directement liées à qui vous êtes et ce que vous aimez (Vous vous souvenez de l'Armée de Dumbledore dans l'avant-propos ? Ce n'était pas un hasard !)

Et maintenant — très important : **qu'est-ce qui vous fait rire ?**

Ce qui vous fait rire

Qu'est-ce que vous appréciez particulièrement, quand vous prenez un café avec quelqu'un ? J'espère que vous appréciez de RIRE.

Quand on voit le succès de Norman fait des vidéos, on voit que les Français aiment s'en payer une tranche. Mais au boulot, c'est une autre paire de manches.

Je n'ai jamais trop compris pourquoi on n'est pas censé s'y faire des amis. C'est d'une tristesse ! Quelqu'un qui vous fait rire, vous avez PLUS envie de travailler avec lui que quelqu'un qui ne vous fait PAS rire, n'est-ce pas ?

C'est pour ça que je vous parle de Marie Haude Mériguet, alias Marie Grain de Sel, rédactrice web et formatrice. Quand elle est tombée dans les escaliers et qu'elle s'est fait « mal au *ul », elle en a fait un article qui me fait glousser rien que d'y penser.

Alors si vous faites rire en privé, faites rire avec votre contenu aussi ! Et si comme moi, les articles humoristiques ne sont pas votre point fort, ce n'est pas grave : partagez ce qui vous fait rire.

Prenez exemple sur Alex Bortolotti, de WordPress Marmite, et parlez de votre travail avec humour. Son objectif à lui ? Faire en sorte que nos visiteurs puissent passer un bon moment et trouver ce qu'ils recherchent sur nos sites. Or quand on veut mettre son travail en valeur, on se retrouve vite avec un site qui pique les yeux, c'est le syndrome du sapin de Noël explique Alex, ah ah ah !

Et Chob ! Chob est « un peu blogueur, beaucoup responsable communication digitale », et c'est avec humour (et pertinence) qu'il traite des évolutions du numérique.

Un design sexy — Choblab.com

Ces vignettes illustrent un article où il déplore que le design soit encore souvent réduit au rôle d'emballage d'un contenu médiocre. (Ça vous rappelle quelque chose... j'espère !? le contenu lui-même, souvent considéré comme un emballage qui

267

va faire passer la pilule, c'est-à-dire le produit ou service médiocre).

Mais le marketing — contenu « texte » ou « visuel » — ne peut plus être l'étape qui arrive quand tout le reste a été bouclé. Si on l'intègre tard, *c'est trop tard.* C'est dès le début que l'orientation client/message/ vision doit être prise.

« Je ne suis PAS le résultat du travail d'un graphiste » dit la jolie fille allongée sur canapé, pour clore l'article de Chob, hé hé.

Personnellement, je sais que j'ai un style d'écriture plutôt... « une approche d'érudit » m'a-t-on dit, à propos de mon blog. Mais ce n'est pas tout moi non plus. Je fais peu de blagues, j'écris sans gros mots, mais j'adore ceux qui le font : alors sur les réseaux sociaux, comme dans ce livre, je partage ça.

Et quand je travaille avec mes clients : on travaille certes, mais on s'amuse aussi !

> **>>> À vous :**
>
> - Vous êtes drôle ? C'est formidable : soyez-vous-même dans vos publications !
> - Vous êtes plutôt réservé ? Qui vous fait rire ?
>   - Notez 3 noms, regardez 2 vidéos de chaque sur YouTube.
>   - Passez un bon moment, cherchez 3 liens/extraits/idées/citations à mettre dans vos articles existants !
>   - Une idée d'article m'est venue en regardant... Kung Fu Panda : les leçons de personal branding se cachent parfois dans les endroits les plus inattendus, pour moi, comme pour vous.

Notre ère est l'ère de la connexion : cherchez les points à connecter !

Votre style

> *« Les clients veulent de la conversation.*
> *Le digital crée de la proximité à distance*
> *à condition de travailler le ton. »*
> *— Catherine Barba*

Votre style d'écriture, les mots que vous choisissez, la manière dont vous les utilisez font partie de ce que vous donnez à voir, de la cohérence de votre image en ligne, de la stabilité de votre voix dans la conversation dont votre activité fait partie.

Votre blog devient une expression de vous, de la meilleure version de vous-même en fait — et ce qui change avec l'évolution du web, c'est qu'il n'y a plus de critères en la matière !

Si vous adorez les gros mots par exemple, vous êtes aussi libre que Vincent Sardon, le tampographe, qui les propose en coffrets thématiques comme les injures trotskistes, bruxelloises, marseillaises ou corses !!!

La meilleure version de vous-même n'est pas forcément policée : votre style n'est qu'un choix à faire en cohérence avec la relation que vous voulez développer avec votre audience.

Votre syntaxe, les métaphores que vous utilisez, la longueur de vos phrases, leur structure... sont des éléments qui jouent sur ce que vos lecteurs ressentent en vous lisant : cultivez-les pour qu'ils apprennent à reconnaître votre style !

Attention aussi aux mots à bannir... On n'appelle pas forcément un chat un chat : félin, matou, mistigri, sale bête ou raminagrobis, le mot choisi en dit long. Mais quand tout le monde utilise les mêmes mots, on ne sait plus qui a dit quoi : au bout d'un moment, quand les personnes qui travaillent dans un domaine utilisent toutes le même vocabulaire, le lecteur zappe. Ces mots ont perdu leur sens : il ne les voit plus.

>>> **À vous** : quels sont les mots les plus utilisés dans votre milieu ?

Je vous mets au défi d'en choisir 3, et de ne plus jamais les employer ! Un exemple ? Dans mon domaine, le « nouveau » marketing : sens, authenticité et passion. Et pour vous ? Quels sont les mots que vous allez bannir de votre contenu ?

Maintenant : reprenez vos 3 derniers articles et votre page à propos, si ces 3 mots y sont, remplacez-les !

Pour finir : quand vous avez identifié les membres de votre focus group, souvenez-vous de l'expérience menée par le radiologue, et gardez leur photo ou leur nom sous les yeux quand vous écrivez : vous aurez plus de facilité, de cette manière, à écrire avec un ton « conversationnel ».

Le web multiplie les possibilités : on peut se dire, « *C'est bien joli, une table pour deux. Mais moi via internet, j'ai une cible de 300, 3 000, 3 millions de clients potentiels — pas seulement les 5 ou 10 de mon focus group !* »

Bien sûr, mais publier du contenu intéressant pour 1 000 personnes, ça commence d'abord par publier du contenu intéressant pour 10 personnes — bien d'autres auront des points communs avec elles et auront l'impression que c'est pour elles que vous avez écrit cet article, et que vous lisez dans leurs pensées !

Laissez de la place pour l'improvisation !

Stratégie de contenu n'exclut pas improvisation et spontanéité !

Vous pouvez tout à fait prévoir des « trous » dans votre calendrier éditorial pour 2 types d'articles principalement :

- les articles liés à votre activité, mais pas à une vente (du vécu, par exemple : une étape d'activité franchie ? Les leçons tirées ? Un échange avec un client qui vous inspire une tirade ?)
- les articles liés indirectement à votre activité :
  - Ce qui vous plaît (un certain type de livres, de films, de musique ? inspirez-vous des personnages ou des paroles pour faire vivre vos articles !) ;
  - Ce qui vous motive (la boxe ? le yoga ? les claquettes ? faites un parallèle avec une situation de travail !) ;
  - Ce que vous apprenez (nouvelles formations, applis, techniques : quel

impact sur votre travail et votre vision des choses ?) ;

- Ce dans quoi vous vous investissez (marathon, développement durable, enseignement différent... racontez comment vous en êtes arrivé-e là, et ce que ça représente pour vous !).

Ce qui compte, c'est toujours, la manière dont vous faites le lien entre ce que vous êtes en train de partager, en quoi ça joue sur le professionnel que vous êtes aujourd'hui, et ce que ça change pour le lecteur.

« Souvenez-vous toujours de pourquoi vous créez : fournir un contenu qui apporte une expérience client plus intéressante, qui génère des ventes et alimente l'image de marque de votre organisation. »
— Stéphane Torregrosa

Points-clefs et pistes d'action
Chapitre 19 — Se démarquer

Points-clefs :

- **Se démarquer, ce n'est pas être le meilleur,** le 1er, le plus innovant etc. On est dans la pure subjectivité, alors capitalisez dessus.
- **Les éléments qui vous démarquent :** votre parcours et son histoire, vos goûts, ce qui vous fait rire, votre style, mais aussi ce que vous improvisez en fonction de ça.

Pistes d'action :

- **Revenez sur votre parcours et montrez-en l'impact** sur qui vous êtes devenu, sur la manière dont vous travaillez et ce que ça change pour vos clients.
- **Listez ce qui vous plaît,** analysez la signification de cette liste de goûts, puis piochez dedans pour illustrer vos idées, vos exemples.
- **Cernez ce qui vous fait rire,** et partagez-le dans vos articles existants ou à venir.
- **Cultivez votre style** (syntaxe, métaphores, vocabulaire récurrent...) en cohérence avec la relation que vous voulez développer avec votre audience et rendre votre style reconnaissable.

- **Style toujours :** listez les 3 à 5 mots les plus utilisés dans votre milieu, et bannissez-les !
- **Laissez de la place pour l'improvisation** dans votre calendrier éditorial !

Pour recevoir gratuitement les mises à jour et bonus actuels et à venir du livre, rendez-vous sur http://selmapaiva.com/lesbonusdulivre !

Conclusion

« C'est la conversation qui fait levier.
C'est comme ça qu'une révolution commence. »
— Seth Godin

La donne change, la France bouge.

La donne change, le monde bouge et la France aussi : l'ère de la Nouvelle Économie, celle du ET, a sonné.

Grâce à vous, entrepreneur d'un monde nouveau, nous allons vers la fin de la publiphobie. Si les internautes, les clients, les lecteurs sont saturés de contenus purement promotionnels, ils sont friands de conversations intéressantes, de publications, d'articles, de produits, services, expériences qui leur permettent de se connecter à une nouvelle vision d'eux-mêmes, à un nouvel horizon de possibilités.

Aujourd'hui est votre chance d'aller vers ce qui vaut la peine d'être fait en créant du contenu qui vaut la peine d'être lu.

Embrassez votre rôle d'acteur et de visionnaire avec courage et humilité : c'est dans la conversation avec votre audience que vos idées s'améliorent, s'affinent. C'est dans la conversation qu'une révolution commence.

« Dorénavant, pour faire le bien, il faut compter sur les entreprises et les marques » écrit Pascale Camus, directrice du planning stratégique de l'agence MKTG pour Influencia.

Peut-être que vous êtes indépendant-e, peut-être que vous travaillez en binôme ou en équipe ? Quoi qu'il en soit, un état d'esprit orienté Connexion vous place dans une approche orientée Client : vous avez maintenant une vision de la méthodologie qui vous permet de ne plus limiter, de ne plus réduire la vente à une transaction financière.

En accordant la part belle à des publications remarquables (dans le premier sens du terme), votre contenu donne à réfléchir. Il donne envie d'en parler autour de soi, envie de lire la suite, d'avancer avec vous, d'acheter ce que vous faites.

Que vous vendiez des produits physiques ou numériques, des services ou des prestations, des formations en ligne ou en présentiel, nous sommes tous dans la même optique : **créer pour nos clients, des expériences qui valent la peine d'être vécues.**

« Le vrai vendeur est un idéaliste, et un artiste. »
— Alfred Fuller

À propos de l'auteur

Je m'appelle Selma Païva. J'accompagne les entrepreneurs enthousiastes + anti-conformistes au niveau de leur stratégie d'activité, de contenu pour :

- capitaliser sur ce qu'ils ont déjà fait seuls ;
- faire la différence, avec discernement
- vendre mieux, aux bonnes personnes !

Vous voulez plus d'impact, et moins de stress ? Avec des stratégies fidèles à votre personnalité ?

Retrouvez-moi sur :

Mon site : selmapaiva.com

Twitter : @heyselmapaiva

Facebook : facebook.com/selmapaivaconseil

Une demande d'interview, une proposition d'atelier, de conférence ?

Envoyez-moi un mail à general@selmapaiva.com

La suite, les bonus !

Vous voulez aller plus loin ?

Mises à jour, études de cas, conseils offerts par les experts mentionnés dans ce livre : demandez les bonus du livre, qui s'enrichiront au fil du temps !

Pour recevoir gratuitement les mises à jour et bonus actuels et à venir du livre, rendez-vous sur http://selmapaiva.com/lesbonusdulivre !

Merci !

Ressources

Retrouvez sur le web les entrepreneurs, blogueurs et autres électrons libres visionnaires cités dans ce livre !

Par ordre alphabétique :

Alexandra Martin	http://www.miss-seo-girl.com/
Alexandre Bortolotti	https://wpmarmite.com/
André Dubois	http://traficmania.com/
Andréa Gaillet	http://hellomarketing.ma/
Anne-Solange Tardy	http://www.cachemireetsoie.fr/
Bérangère Touchemann	http://www.coachingdecarriere.com/
Camille Sauvaget	http://camillesauvaget.com/
Catherine Barba	http://catherinebarba.com/
Cécile Bonnet	http://cecilebonnet.com/
Cécile Doherty-Bigarra	http://www.lepalaissavant.fr/
Cédric Debacq	http://cedric-debacq.fr/
Céline Boura	http://leluxedetresoi.com/
Chob	http://www.choblab.com/
Christine Lewicki	http://www.christinelewicki.com/
Christelle Bourgeois	http://www.calliframe.com/
Christopher Lieberrher	http://speedevelopment.com/
Damien Fauché	http://pleindetrucs.fr/
Delphine Boileau Terrien	http://femmesdechallenges.com/
Emmanuel Chila	http://wayta.fr/

Fadhila Brahimi	http://www.blogpersonalbranding.com/
Flora Douville	http://www.floradouville.com/
Florian Pouvreau	http://www.1fluencedigitale.com/
Fred Cavazza	http://www.fredcavazza.net/
Haydée Bouscasse	http://www.travelplugin.com/
Hélène Bonhomme	https://fabuleusesaufoyer.com/
Hugo Vermot	http://newflux.fr/
Isabelle Matthieu	http://www.emarketinglicious.fr/
Jean-François Messier	http://mysocialselling.com/
Jean-Philippe Touzeau	http://revolutionpersonnelle.com/
Joanne Tatham	http://joannetatham.fr/
Julie Pezet	http://www.publimania.fr/
Lætitia Faure	https://twitter.com/ArtyLaeti
Lyvia Cairo	http://lyviadebloque.com/
Manuel Diaz	http://manueldiaz.fr/
Marcelle Della Faille	http://loi-d-attraction.com/
Marie Haude	http://www.mariegraindesel.fr/
Marjorie Llombart	http://dessinemoiunecarriere.com/
Martin Kurt	http://www.candix.fr/
Mary Lumley	http://borntobesocial.com/fr/
Morgane Sifantus	http://www.morganesifantus.com/
Oussama Amar	http://www.thefamily.co/
Peggy André	http://www.fractale-magazine.com/
Pétronille Perron	http://www.moiparmois.fr/
Rémy Bigot	http://www.montersonbusiness.com/
Sophie Gauthier	http://www.contentologue.com/
Stan Leloup	http://marketingmania.fr/accueil
Stéphane Briot	http://stephanebriot.xyz/

Stéphane Torregrosa	http://www.squid-impact.fr/
Sylvain Lembert	http://www.webmarketing-com.com/
Teddy NgouMilama	https://www.teddyngoumilama.com/
Thia Economou	http://www.blousetterose.com/
Valérie Payotte	http://payotte.ca/
Xavier Jaleran	http://www.lemarketsamurai.fr/